生活需要钝感力

李世强◎著

北京燕山出版社
BEIJING YANSHAN PRESS

图书在版编目（CIP）数据

生活需要钝感力 / 李世强著. —北京：北京燕山
出版社, 2023.3

ISBN 978-7-5402-6573-1

Ⅰ.①生… Ⅱ.①李… Ⅲ.①社会心理学 Ⅳ.
①C912.6-0

中国版本图书馆CIP数据核字(2022)第099198号

生活需要钝感力

作　　者：李世强
责任编辑：郭　悦　李瑞芳
封面设计：刘红刚
出版发行：北京燕山出版社有限公司
社　　址：北京市西城区椿树街道琉璃厂西街20号
邮　　编：100052
电话传真：010-65240430
印　　刷：河北鹏润印刷有限公司
开　　本：700mm×980mm　1/32
字　　数：142千字
印　　张：7.5
版　　次：2023年3月第1版
印　　次：2023年3月第1次印刷
书　　号：ISBN 978-7-5402-6573-1
定　　价：42.00元

前　言

　　日本著名作家渡边淳一写了一本书——《钝感力》。最近两年这本书在中国开始畅销，大家突然对"钝感力"这个词有了莫名的关注。人们发现，生活中的疲惫、不堪、难过大多是源自敏感，人生中缺少的就是渡边淳一所说的"钝感力"。

　　无论在现实生活中，还是在网络世界中，我们都能看到激进的语言、敏感的内心、强硬的态度……但这些沟通方式和生活态度并没有得到谁的喜欢，反而那些看起来有钝感力的人活得更加开心，也更讨喜。钝感虽留给人感觉迟钝、木讷的负面印象，却能让人们不会觉得烦恼，不会气馁，钝感力恰似一种不让自己受伤的力量。在各自世界里取得成功的人士，其内心深处一定隐藏着一种绝妙的钝感力。

　　在现如今的自媒体时代，每个人都可以在网络上畅所欲言，但要接受来自各方的评论。当我们评论别人时，总是津津有味，但当遇到别人评论我们时，很多人内心就会无法承受。尤其是内心敏感的人，总会把任何人对自己的评论记在心里，耿耿于怀。

也许对方是无心说的一句话，他却能思考好几个月，猜想对方到底是什么意思。

而一些内心钝感的人就从来不会把别人的评论和意见放在心上，哪怕对方当面指责他或挤对他，他也是呵呵一笑，淡然处之。这种人给人心胸豁达的感觉，在社会上更容易获得好人缘。而他们也会因为这种钝感力，对一些他人的评论或人生的挫折都不放在心上，这种人反而能茁壮成长。

我们生活的社会发展速度快，很多人生活节奏快、压力大，紧绷的神经最终导致了自己内心敏感。但我们换一个角度来问问自己，当你们内心敏感后，你们的生活是变得更好还是更糟？你们以敏感的情绪对待同事、亲戚、朋友、爱人时，是得到他们更多的关注和关怀，还是造成更坏的影响？如果一切都向着不好的方向走，那我们就要学会安抚敏感的内心，积极训练自己拥有一个良好的心态，逐渐把敏感转化为钝感，对他人有意无意的指责都不放在心上，对任何导致你失败的事都看得云淡风轻，每天以乐观的心态面对身边的人和事。这样，你们就会发现，你们不仅能温暖到周围每个人，也会赢得更多人的喜爱和尊重。

本书由浅入深、通俗易懂地讲解了钝感力在生活和工作中给人带来的影响，并以独特的视角、真实的案例来引导内心敏感之人如何走出敏感的内心，变成钝感力十足的强人。相信本书会对一些朋友起作用，也希望读者能够从本书中有所收获。

目 录

前言

第 一 章

人生不能太敏感，钝感让心胸更豁达

走出猜疑的内心，给心胸添加一些钝感力 / 002

你为何要从他人身上寻找安全感 / 006

太过敏感，你会永远活成别人眼中的样子 / 008

一味地讨好他人，只会丢失了自我 / 011

敏感之人，往往会选择走向极端 / 016

生活本就不易，无须敏感地到处抱怨 / 019

稳住重心，理性看待"够"与"不够" / 021

第 二 章

面对打击钝感一些，跨越逆境方可成长

那些杀不死你的，都会使你更强大 / 026

在困难面前学会钝感，才能迎难而上 / 029

成年人的世界里，从来没有"容易"二字 / 034

面对磨难多些钝感，那是成长的必需品 / 038

内心多一些钝感力，别把结果看得太重 / 042

刻薄的打击，有时能让我们满血复活 / 045

钝感力就是别太把某些事当回事 / 049

第三章

不做情绪的奴隶，钝感力让情绪更稳定

钝感力强了，焦虑也就减少了 / 054

从容的心态才能增强钝感力 / 057

内心太过敏感，恐惧也会随之来临 / 060

情绪，也会像钟摆一样摆来摆去 / 065

敏感之人爱忧虑，而忧虑会让你变得更老 / 069

学会从负面情绪中抽离 / 072

如何克服失败焦虑症 / 076

焦虑是一种正常的情绪 / 081

第四章

微笑面对艰难，钝感力就是从不轻言放弃

笑着面对艰难，坚信明天会更好 / 086

主动吃些小亏，小利面前学会淡然 / 090

快乐离我们很近，近得就在我们的书桌旁 / 095

用幽默的心态，对待生活中的那些不如意 / 099

对打击需要钝感，对生活中的美需要敏感 / 102

给自己一个微笑，化解生活中的戾气 / 105

第 **五** 章

对遗失多些钝感力，错过并不是一件糟糕的事情

错过了，并不是一件糟糕的事情 / 112

一代又一代的人，在时间的脚步中走过 / 115

你总是后悔莫及，却又总是不懂得珍惜 / 119

有什么样的定位，就有什么样的人生 / 123

学会与过去和解，释怀后心情将无比美丽 / 127

第 **六** 章

钝感社交，考虑问题多为他人着想

对自己少一些敏感，对他人多一些钝感 / 134

大智若愚也是一种钝感力 / 137

插话是一门学问 / 140

替别人解围，用钝感力化解对方的尴尬 / 143

从对方的角度思考才能实现共赢 / 147

交际钝感，帮你积攒"人情银行" / 151

用钝感力打造完美亲和力 / 154

第 **七** 章

小事上多一些钝感力，把专注力放在大事上

烦琐的小事别太敏感 / 160

学习钝感，讷于言而明于心 / 163

放下敏感的心，不去计较公平与否 / 166

摆脱不完美焦虑症 / 171

去繁就简，过一种快乐而又纯粹的人生 / 175

第八章
职场需要钝感力，难得糊涂是种大智慧

大智若愚，职场最需要"糊涂"人 / 180

与异性同事交流，掌握好距离感 / 183

低调做人，不要总想着表现自己 / 187

吃亏是福，钝感在于不贪图便宜 / 190

职场中不要轻易推心置腹 / 193

和领导相处也需要钝感力 / 198

第九章
情感最需钝感力，不过于敏感是幸福生活的真谛

婚姻中的"洁癖"不可取 / 204

婚姻中千万不要去翻陈年旧账 / 207

婚姻是双方的结合，没有单方面纯粹的付出 / 210

婚姻的钝感力，在于彼此间的宽容 / 215

求同存异，学会接纳彼此的差异 / 220

别让鸡毛蒜皮的琐事成为幸福的阻碍 / 223

钝感相处婆媳关系，婆婆的坏话你别说 / 226

姑嫂之间，更需相互多些谦让 / 229

第 **一** 章

人生不能太敏感，

钝感让心胸更豁达

♥ 走出猜疑的内心，给心胸添加一些钝感力

很多人的生活缺少钝感力，活得太过敏感，疑心太重，造成了事与愿违的结果。过于敏感、猜疑都是人性的弱点。很多时候，过于敏感导致的猜疑往往会成为害人并且害己的祸根。如果一个人身陷猜疑的沼泽中，就会事事捕风捉影，对别人不再信任，对自己都心生怀疑。

猜疑是从假想目标中发散思维，最后又回到假想目标，循环往复，就像一个圆圈一样，越描越粗，越画越圆。被猜疑目标的一切行为都会被联系到你的怀疑上来，到最后，你的思维就会出现偏差，坚信自己的猜想是正确的。

看看这个道士的经历，你就知道猜疑的危害了。

从前，有一年的农历七月十五，一个村庄的村民请到了附近有名的张道士主持法事，祭拜鬼神。法事准备得很隆重，从中午一直持续到晚上，热闹非凡。

法事结束后，张道士要回家了，村子里一位旧相识跟张道士开玩笑说："今天是七月十五，是鬼节，有很多孤魂野鬼都会出来。你回去时会经过很大一片坟地，从那里走过时

要特别小心呀！你可能会被鬼魂跟上，一旦被跟上，可就难以脱身了。"

张道士听后哈哈大笑，说："我做的就是迎神送鬼的事，要是碰到鬼了，我就念太上老君急急如律令，什么鬼神还不都得听命于我？没有什么问题的。"说完，张道士就离开了。

当张道士经过那片坟地时，突然产生了一种很奇怪的感觉，总能听到窸窸窣窣的声音，和着他的步调，仿佛身后真的有什么人跟上来了一样。张道士加快了脚步，却感觉身后的"脚步声"也加快了。张道士又把步子放慢，身后那声音也慢了下来。

张道士有点儿慌了，心想："走快也跟着，走慢也跟着，糟糕！难道真的是鬼来了？恶鬼来缠身啦！"

张道士开始慌张了，便念起了驱鬼的咒语。他把所有咒语都念了一遍，身后的"鬼"还是没有走。张道士万般无奈，使出了祖师爷留给他的绝招，一个叫作"六神符咒"的护身符，这已经是他的最后一招了。张道士迅速地把六神符咒祭了出去，然后拔腿就跑，连滚带爬地赶回家。他到家后已经是奄奄一息，面色苍白，一进门就倒了下去。

家人问他遇到了什么事情这么害怕，张道士说，今天遇到鬼了！家人听了大吃一惊，张道士做了多年法事，真说遇到鬼神还是头一遭。看到张道士吓得脸色苍白，衣服都湿透了，家人赶紧拿出干衣服给他换上。在换衣服时，张道士又听到了窸窸窣窣的声响，仔细一看，不知什么时候，张道士的裤角上面沾了一片包粽子的叶片。张道士这才恍然大悟，原来他一路听到的"脚步声"，正是那片粽子叶和地面摩擦发出的声音！心病解了，张道士也就恢复了正常。

正所谓"疑心生暗鬼"，只要疑心一起，原本根本没有的事情也能把人吓得半死。人一旦起了疑心，就会通过想象描摹出原本不存在的事情，对事物或别人产生怀疑，封闭自己探索其他可能性的想法，并陷入猜疑的循环圈里。

古人说"长相知，不相疑"。反之，不相知必定相疑。更多时候，猜疑与自信心不足往往是挂钩的，一个人自信心越足，就越容易对别人产生信任，也越不容易产生猜疑的心理。相反，越容易对别人产生怀疑的人，其实是不自信的一种表现。

有一对年轻的夫妻，结婚3年，妻子刚刚生了宝宝，丈夫因为收入颇丰，不担心生活问题，就让妻子辞去工作在家专心照顾宝宝。

丈夫工作压力较大，常常要加班加点。没有宝宝的时候，两个人彼此忙碌的时候也是有的，可双方并未觉得有什么不妥，即便是在深夜未归的时候。但是，自从妻子辞职回家后，丈夫一天不回家吃晚饭，她都会十分焦急，一遍又一遍地打电话催问。猜疑心让她变得神经质起来，丈夫稍晚回家，她就坐立不安，心里不断猜测着：他是不是不爱我了，他到底是在工作还是在外面玩，他是不是有外遇了？

原本自信开朗的妻子被猜疑心弄得神经质起来，她偷翻丈夫的抽屉、公文包，甚至开始跟踪他。她认为丈夫肯定已经有了外遇，并且将一些只言片语的零碎信息都联系到丈夫有外遇这个猜想上来，对丈夫进行了"锲而不舍"的猜测和求证。

一开始，并没有外遇的丈夫忍受不了妻子无端的猜疑，渐渐地，没事也不愿意回家了。后来，丈夫真的有了外遇，背叛了妻子，一个原本幸福的小家庭在妻子的猜疑中走向了破碎。

在你怀疑别人之前，需要先冷静下来仔细思考使你产生这个怀疑想法的原因，并且在你没有形成固定思维模式之前，需要从正反两个方面加以分析。比如，上文中因猜疑造成家庭悲剧的妻子，如果能够冷静想一想，或许就不会发生家庭破裂的悲剧。

真相在被揭穿以后，往往会让旁观者甚至是猜疑者都自觉可笑。但是真相在被揭穿之前，由于猜疑者的头脑一味被封闭，所以很多没有缘由的事情在他们看来都是合情合理、顺理成章的。面对自己心中猜疑的火星，要果断地用冷静的思考熄灭它，别让猜疑毁了你的生活。只有打开心胸，拓宽思维，才能打消疑虑，轻松地生活。

猜疑会束缚人们的思路，把人们推进死胡同，使人们无法找到解决问题的出口。很多时候，人们会因为猜疑心过重而影响自己的判断能力，继而会因为一些无中生有或者根本不可能发生的事情而抑郁烦恼。猜疑心使人狭隘，把自己锁进铁栏中，变得孤独落寞。只有走出猜疑的内心，打开心胸，多一些钝感力，你才能发现世间的美好、生活的幸福。

♥ 你为何要从他人身上寻找安全感

在这个社会中，如果你觉得世界充满了冰冷感，就算给你一个太阳，你也会觉得太阳同样冰冷；如果你相信这个世界上充满了温暖，就算给你一块冰，你也能感受到它的温度。所以，一个人的温度不只是来自外部，更多是来自内心。

每个人都有不安全感，有的人的不安全感来自外界，有的人的不安全感来自内心，归根结底，不安全感还是人们内心的感受，常常使人感到紧张局促、焦虑烦躁，带给人不那么愉快甚至是痛苦的感受。通常情况下，人们习惯于从外界或者他人身上寻找安全感。殊不知，正如人们常说的，最可靠的只有自己。安全感也是如此，唯有自己给予自己的安全感，才是最长久可靠的；从他人身上得到安全感，会让你变得非常被动。一旦他人改变心意，你就会失去安全感，随之会变得内心敏感，进而失去对生活的信心和希望。

人总是会情不自禁地想起很多让自己不安的事情，甚至为了很少有可能发生的事情担忧不已。哪怕自己理智上知道这些担忧和焦虑无须存在，感情上却无法控制自己，不得不说，这是一种心理障碍的表现。比如，当女儿比平日里回家的时间晚了很多，无法取得联系时，有的父母就会胡思乱想，甚至想到女儿已经遭遇不测。在这种焦虑情绪下，父母很难静下心来冷静思考，只会陷入不安之中，觉得片刻的等待都难以继续下去。

从这个角度而言，不安全感也来自过度敏感，或者是普遍存在的焦虑感。一般情况下，敏感并非无缘无故地产生，而是针对某件具体反常的事情。比起敏感，不安全感出现的频率更高、时间更长，甚至会变成一种习惯性的心理状态。缺乏安全感的人，既缺乏自信，也对他人缺乏信任。他们非常多疑，并且在思想和行为上也渐渐会有所改变。比如，有些人在外出之后，总会怀疑自己没有锁好家门，没有关好水电，或者没有检查门窗。实际上，他们早就已经把这一切都做好了，只是内心不安，才陷入焦虑之中，更不相信自己已经把一切都做到完美。

如果你意识到自己有很多不安表现的话，就要增强信心，告诉自己一切事情都很好，根本不值得焦虑。除此之外，为了提升自我的安全感，还要不断完善和强大自己，让自己相信一些事情没有想象中的那么糟糕，担忧的很多事情根本不会发生。尤其是当你过度依赖某个人的时候，更要有意识地培养自己独立生存的能力，这样才能在独处的时候也具有安全感。

♥ 太过敏感，你会永远活成别人眼中的样子

现实生活中，很多人都特别爱面子，其实多是内心的敏感和自卑导致的。真正的强者，不会在乎他人如何看待自己，只愿意做好自己想做的事情；反而是那些心虚的人，因为缺乏自信，总是想得到他人的认可和肯定。殊不知，一千个读者眼中就有一千个哈姆雷特，哪怕是如此经典的作品，读者的看法也不一，更何况是做人呢？

我们每天都要接触形形色色的人，其中既有与我们亲密相处的亲人、朋友以及同事，也有与我们只有一面之缘的陌生人。在这种情况下，哪怕我们成为"变色龙"，随时随意按照他人的要求改变自己，也不可能让所有人都对我们满意。既然放弃自己去改变并不能让我们如愿以偿地得到所有人的喜爱，那么我们为什么不坚持做最好的自己呢？对于任何一个人而言，最大的成功不是活成别人眼中的样子，而是活出自己的精彩。

很久以前，有一位画家对自己的画作非常满意，他沾沾自喜地把画作拿到集市上挂起来，并且在旁边留言："这是拙作，希望大家多多指点。"他在画作旁留下了纸和笔，让人们圈点出不满意的地方。画家原本以为自己的画作肯定无可挑剔，却没想到傍晚时分，他又去集市的时候，发现画作上已经被圈点得几乎没有好地方了。画家不由得感到非常沮丧，也对自己的绘画水平产生了深深的怀疑。

看到画家垂头丧气地回到家里，妻子问清缘由，笑着说："没关系，等下次赶集的时候，你听我的，一定会让你很满意。"

十几天过去，又到了赶集的时候，妻子把画家新作的一幅画拿到集市上。这次，妻子在画作旁留言："这是我的画作，请大家画出喜欢的地方。"等到集市散去，画家来到集市，惊喜地发现他的画作依然被圈点得几乎没有空地方了。这时，妻子告诉画家："看看吧，就算你画得再好，也总有人不喜欢；就算你画得再坏，也总有人很喜欢。这就是萝卜白菜，各有所爱，你有什么必要非得到所有人的满意呢？只要你坚持做自己，就总有一天会成功的！"听了妻子的话，画家欣慰地笑了。

一个人如果总是活在别人的眼里，那么他永远也无法变得优秀起来。因为人毕竟不是变色龙，不可能每天都变来变去，唯有活出最真实、最精彩的自己，才算拥有成功的人生。然而过于敏感的人总是太在意他人的看法，诸如一个过于敏感的女孩穿一件裙子，如果有人说这条裙子真难看，虽然这句话也许是他人无意之间说出来的，但是会使她难过一整天，甚至是一个月。她再也不想穿那条裙子，而且根本不管自己是否喜欢那条裙子。

生活中有很多过于敏感的人禁不起大家的指指点点，在被指点后，他们常常怀疑自己的能力，丧失自信心，导致情绪低落。在画家这个事例中，画家看到自己的画作被圈点得体无完肤，因而觉得很沮丧。幸好他的妻子非常理智，想出了一个绝佳的办法帮助他找回自信。人们常说，生活就像一面镜子，如果我们微笑着面对生活，那么生活也会回馈给我们微笑。其实，先入为主的观念往往会影响我们的生活，如果我们愉悦地接纳自己，对自己感到满意，那么即使别人再怎么指出我们的缺点，我们也依然会对自己满怀信心。

所谓"众口难调"，别说我们作为普通人，就算是光鲜靓丽的大明星，也无法让所有人都喜欢他们。既然如此，我们还有必要每天因为他人的看法改变自己吗？虽然敏感有好处，能让我们虚心听取他人的意见，但是凡事都有一定的限度，超过这个限度就会产生相反的效果。就像医生给患者治病一样，唯有选用合适的药和合适的剂量，在合适的时间里给患者服用，才能起到治病的效果。如果同样的药，剂量过大，则非但无法给患者治病，反而可能危及患者的性命。

如果我们的内心太过敏感，那么无异于是在和自己较劲。与其让他人的眼睛和嘴巴舒服，不如我们在自己的人生中敞开心扉，从容潇洒地过自己想要的生活。既然难免要遭受别人的非议，那么我们为何不选择自己最喜欢的方式呢？人生是非常短暂的，他人的评价终究只是一句有心或者无心的话，唯有内心的感受，才是影响我们幸福的根本原因。

♥ 一味地讨好他人，只会丢失了自我

生活中，会有很多这样的敏感之人——众人眼中的老好人，每个人说起他来都是点头称赞，他对待家人从来都是任劳任怨、无微不至，对朋友也是真诚相待，哪怕是一个路上遇到的陌生人，他也会尽自己最大的努力去帮助。他从不会因为自己所受的辛苦和委屈而有任何抱怨。

这种人似乎很完美，因为他有一颗善良无私的心。但心理学家认为，这种对他人过分友善的行为可能是一种病态。在工作中，我们肯定有去讨好某个人的时候，特别是在领导面前，行为举止也大多会在意领导的看法，办公室里常常会上演在老板面前点头

哈腰的一幕。

那种一味地只想着去取悦他人的人，也要为此付出昂贵的代价。他们似乎总是处于一种不安全的状态，不相信自己，也不能承受生活带给自己的压力和失败，而且讨好他人的时间一长，就会越发地感到自己被孤立。就像巴巴内尔在他的《揭开友善的面具》一书中写道："极端无私是一种用来掩盖一系列心理和情感问题的性格特征。"

在工作中讨好他人的手段肯定需要，一个人能力超群并不代表这个人就一定能得到老板的青睐，你的能力比他人强只能说明你是一个好员工，一个优秀的工作人员。老板会赏识你的工作能力，但会不会器重你，还要综合其他因素，比如你的人格魅力。

小王家里很有钱，大学毕业后，她进了一家贸易公司工作。她自身条件其实很优越，但是因为从小就对出口贸易感兴趣，所以寻觅了很久，终于找到了这家公司。

刚进公司时，小王表现得异常热情，对每个同事都非常有礼貌。出于对他们的尊重，小王每次有什么问题要请教的时候，总会热忱地称对方为"老师"，因为她觉得这是对他人最大的尊重，但是同事对这个称呼都觉得非常别扭。

有一天，小王为了答谢多日来同事对她工作上的帮助，决定请他们吃饭。同事都以为就是普通的饭馆之类，没想到居然是一家五星级的大饭店，这让同事都面面相觑，惊讶得不行。结账的时候，服务员给了小王一张接近 3000 元的账单，小王二话不说就直接付钱，在座的同事觉得这顿饭太贵，都不好意思了。

出了饭店时间还早，小王又说请大家去 KTV 唱歌，但是同事听了都连连摆手，以各种借口推辞离开了。

在以后的日子里，小王每天都会给同事带各种各样的小礼物，而且每次送的东西都不便宜。同事自然不好意思一直收她的礼物，又不好拒绝，于是只能也买了东西还礼。渐渐地，小王的这个举动让周围人越来越反感，后来只要小王说要送什么东西，大家就都直接拒绝她，而且和她保持一定的距离。

遭到周围人冷落的小王心里十分纳闷，她对每个人都这么好，为什么大家对她是这种态度呢？

其实，小王不知道，工作中重要的不是如何去讨好他人，而是怎样去提高自己。如果你只知道盲目地去讨好周围的人，那么你反而会失去周围人对你的尊重。

如果你想得到周围每个人的认可，让每个人都对自己满意，费尽心思地博得他人喜爱，甚至不惜牺牲自己的健康与快乐来取悦别人，这种努力往往会是得不偿失的。成为老好人的你，并不会让他人惦记你的好。这种友善无私的好，实际上是对人际关系缺乏安全感的表现，是对拒绝、敌意等消极情绪的畏惧，从反面折射出了你的自卑与自责。不做老好人，你才能活出自我。

在小玲的认知中，说"不"，是一种不好的言行。在上学期间，小玲就从来不拒绝同学的要求。帮同学带早餐，一带就是整个学期。教室里的扫帚、拖把似乎成了小玲的专属物，只要地板脏了，无论是轮到哪个同学值日，同学一起哄，小玲便面带笑容地拿起工具值日。小玲有时也会感到累，也有不想动的时候，只是当同学一个劲儿地夸奖自己，或者埋怨自己怎么变懒了时，她便会立刻拿起卫生工具，投入劳作中。然而，当小玲自己需要他人帮忙时，虽然她不会轻易开口求助于人，但还是会遭到拒绝。这时的小玲虽然会很难过，但总能替他人的拒绝找到借口。

大学毕业后，小玲在一家公司工作，仍旧成了同事心目中的老好人。只要同事有需要，小玲便随叫随到。有时由于自己正在工作中，抽不出身来帮助同事，之后她还得赔笑脸道歉。为同事沏一杯茶、倒一杯咖啡、跑个腿拿些材料，成了小玲的分外"兼职"专属工作。只是，当小玲偶尔做得没能完全符合同事的心意时，面对他们的抱怨，小玲也会觉得委屈。可是，当下次同事再让她帮忙时，小玲还是会答应，也更加小心翼翼。

小玲有时也会觉得不情愿，但她担心自己的拒绝会伤害和同事之间的感情，而且觉得自己做的事只是小事。小玲的人缘很好，公司里的人都喜欢她，小玲也很享受这种感觉。小玲帮助别人，并没有想要有所回报。她心甘情愿地帮助他人，他人也心安理得地接受小玲的帮助。

后来，因为搬家去了另一个城市，小玲辞去了工作。而当小玲惦记着同事打电话给他们时，他们只是不停地抱怨小玲走了，没有人再帮他们端茶送水、跑腿了，直到这时，小玲才开始有所醒悟。自己从来无法对别人说"不"，成了众人眼中的老好人，却失去了自我。

当你成了众人眼中的老好人时，不要为此感到庆幸，而是该自我警醒，自己是否已成了"老好人"这个名头的"牺牲品"？远离老好人，做自己人生的主人。

当你去讨好某个人的时候，就证明了你不如某个人。与其这样不情愿地讨好别人，不如将更多的时间花在强大自己上。

讨好他人也需要灵活，不是对谁都一味地奉承，你将自己的尊严都丢弃了，还指望谁会来尊重你呢？这些人只会觉得你是一个没有能力的人，一个只会卑躬屈膝没有自我的人。

♥ 敏感之人，往往会选择走向极端

一般情况下，敏感的人思考问题时不会拐弯，就像两点之间直线最短一样，他们只会寻求最短的路线，做出极端的判断和选择。敏感的人往往不愿意妥协，对于一件事情的评价非常明确，或对或错，绝不含糊其词。普通人在遇到不开心的事情时，也会和敏感的人一样忧心忡忡，然而人的本能是趋利避害，普通人会在时间的流逝中走出忧伤，勇敢地面对事实，主动地宣泄情绪。敏感的人却不同，他们对于忧伤的净化能力很弱，总是不停地沉浸在忧伤之中，人生也因此原地踏步、停滞不前。愁容满面的他们，最终被伤得体无完肤，人生也变得悲伤起来。

我们不得不承认有时候生活的确是太艰难了，尤其是随着时代的发展，虽然生活水平得到了很大提高，但是生活的压力成倍增长，职场上的激烈竞争更是无处不在。在这种情况下，如果一个人不能及时消除自己的负面情绪，而任由自己在悲伤中徘徊，那么可想而知，他距离幸福和快乐有多么遥远！

小敏童年时期的生活并不幸福。她的爸爸是一个酒鬼，隔三岔五就会喝醉酒耍酒疯，不但在家里又打又砸，还会对妈妈动手。小敏往往也难以幸免，所以每当爸爸喝醉酒的时候，小敏都满怀恐惧地躲在角落里，连气都不敢大声出。她把眼睛紧紧地闭上，心里在不停地祈祷着这可怕的一幕早些过去。可想而知，如此可怕的经历给小敏内心带来了多么大的创伤。

长大之后，曾经有一段时间，小敏对于生活依然悲观绝望，她总觉得家庭导致她一生都要与悲伤相伴。因为父亲和母亲不幸福的家庭生活，她甚至对婚姻失去了信心。直到28岁，小敏都没有找到自己心爱的人。她一个人在外面，远离父母，过着简单而又清净的生活。直到有一天，母亲突然生病，父亲再也不喝酒了，日日夜夜守护在母亲的床前，小敏才突然意识到她不应该背负着沉重的过去前行，不能影响自己的一生。毕竟，父亲和母亲有他们的夫妻相处方式，也许他们的爱就是在打打闹闹中建立起来的。既然很多事情都是改变不了的，那么一味地逃避根本不是办法。想清楚了这一点，小敏决定勇敢面对生活，从此之后她再也不逃避爱情，而是勇敢地迎着爱情走去。在小敏30岁那年，她遇到了一个优秀且真正爱她的男人。从此之后，小敏过上了幸福的生活，她对人生充满了希望和憧憬，再也不悲观绝望了。

有问题的原生家庭对孩子的伤害也许会伴随孩子一生，如果孩子不够坚强、勇敢，不能主动从这种伤害中走出来，那么孩子也许一生都无法获得幸福。然而，我们不能因为他人的错误影响自己的一生，唯有勇敢地走出来，面对现实，我们才能经历岁月的洗礼，成就自己的幸福。

很多时候，看待问题的角度不一样，我们得到的结论也是完全不同的。举例而言，如果在沙漠中的两个人分别找到半瓶水，那么乐观的人会觉得很高兴，毕竟多了半瓶水就能多活一天，甚至迎来生机；但是悲观的人会伤心，因为他觉得多了半瓶水并不能真正挽救他的生命。如果悲观的人不能改变心态，那么被延长的一天生命必然在悲伤中度过。有人曾说过，如果哭着也是一天，笑着也是一天，那么为什么不笑着度过每一天呢？的确，想明白这个道理之后，我们的选择会更加明智和理性。

有人说，上天把幸福改变了一个模样放置在我们的身边，那就是苦难。在这个世界上，苦难和幸福总是相依相伴的，而且随着我们看待它们的角度不同，它们也是会相互转换的。所以，朋友们，不要再一味地沉浸在苦难之中。一叶障目，不见泰山，正是人们因为苦难遮挡住幸福的真实写照。敏感的人如果总是对苦难耿耿于怀，就会陷入焦虑，对人生彻底失去希望，被动绝望。所以跳出自己心中的牢笼吧，记住，上帝为我们关上一扇门，必然会为我们打开一扇窗，我们唯有改变角度，才能看到窗外美丽的风景。

♥ 生活本就不易，无须敏感地到处抱怨

敏感的女人总是感慨外貌不够养眼，身材不够火辣，抱怨命运的不公，上天没能给自己一张明星脸，想来这辈子都与娱乐圈无缘……

敏感的男人总是羡慕别人降生在富贵之家，而自己却出身贫寒，没有可依赖的靠山，抱怨命运的不公，愤懑自己奋斗多年不如别人的一个起点……

很多女人没有想过，就算不是天生的美女，也并不阻碍自己在其他行业和岗位上成为最耀眼的"明星"；很多男人也没有想过，正因为不是生在大富大贵之家，没有"富二代""官二代"头衔的庇护，自己的才华会更容易被发现和认可。自己应为身边有位相濡以沫的伴侣而感到幸运，为有一份收入还不错的工作而感到欣慰……

不要再整日怨天怨地，对自己生不逢时充满牢骚和不满，像"祥林嫂"转世一样不停地碎碎念，认为自己生活在水深火热之中。你既没有张良"运筹帷幄之中，决胜千里之外"的智慧扭转时局，也不会姜太公"能掐会算"的本事洞察未来，唯一能做的就是怀着一颗淡定的平常心，去接受生命给予你的一切。

因为生活本就喜怒无常且变幻莫测，人生旅途中的遭遇也都无法预知，老天不会与你商量后才去创作"剧本"。现实已无法改变，与其低头郁闷，倒不如放开心胸去面对，无论是天崩地陷还是电闪雷鸣，既来之则安之，你才能找到幸福的出口。

所以，生命给了你什么，你就坦然面对什么，才能走好人生的下一步棋。

有个女孩，一生下来就双目失明。她一生中只从事着一件工作：种花。

父母也曾带她四处寻访名医治病，却都以失败告终。于是，她从懂事那天起，性格便有些胆怯和自卑，进入青春期后的她甚至服过安眠药试图自杀，幸好被发现后及时送往医院才得以捡了一条命。但是从鬼门关走了一圈后，她像是变了一个人，重新认识和接受了自己。她觉得既然生命给了自己这样的磨难，那也许是对自己意志坚定的考验。于是，她振作后努力学习，既然眼睛看不见，那就用一颗充满爱的心去感受生活。

从特殊教育学校毕业后，她继承了母亲的工作。母亲是远近闻名的花匠，女承母业，然而她天生是个盲者，从不知道花是什么样子。别人告诉她花是美丽的，她便用自己的手指细细地触摸，从指尖到心灵，真切地体会着美丽的含义；有人告诉她花是香的，她便俯下身去用鼻子小心地嗅出一种芳香来。几十年过去了，盲人像对待亲人那样对待着花，她种出的花，据说是小城里最美丽的。

这个女孩种了一辈子的花，却从来没有见过花是什么样子的，然而她是快乐的，因为她实实在在地接受了自己，深深地懂得了自己制造美丽比欣赏美丽更有趣、更有意义。

快乐的真谛是"接受"，学会了"接受生命的给予"，再加上努力奋斗，你就迈上了成功与幸福的台阶。人活在世上，都会有不顺心的事，也都会遇到困难和无法绕开的逆境。有的人意气风发，有的人萎靡不振，你需要有一个良好的心境，去坦然面对生命的给予。

有句话说："上帝散布给人间的苦难与月光一样均等。"这个世界上，没有一个人活得容易，更没有一个人整天被鲜花与掌声所包围。所以，你无须再抱怨命运的不公了，从现在开始面对生命带给你的种种，欢声笑语也好，泪水坎坷也罢，勇敢地活出自己的人生。

♥ 稳住重心，理性看待"够"与"不够"

某位一线词作者在接受采访时，这样说起他的"独门快乐秘籍"："忘记痛苦，幸福就活得越来越久；忘记老了，年轻就活在岁月深处；忘记伤害，温暖就活在无辜的眼睛里。因为你爱别人，别人才会更爱你。"简单概括来说，就是对一切负面能量多一些钝感力。

我们无法让名誉、收入以及潜在的客户、追随者的期待都达到自我想象的预期，所以要尽可能避免对"完美"的执迷不悟，多对自己说一句"已经够好了"；从踮着脚尖眼巴巴地张望着，转而去做一些力所能及的事——那才是具有现实意义的。合理的计划、坚忍的信心、从挫败中获得的经验教训——这些才是有可能让我们值得欣慰的资本。

几年前的一对新婚夫妇，经过琐碎生活日复一日的打磨，当初海誓山盟的激情和卿卿我我的甜蜜越来越淡，他们开始面对日益艰难的生计。

其实，他们也并非捉襟见肘，只是"比上不足"，为此，妻子整天发愁为怎样得到更富足的生活而闷闷不乐。她总想，要是有了更多的钱，他们就能吃得更好，穿得更好，用得更好……可是眼下，他们的钱太少了，少得只够维持最基本的日常开支。

丈夫却是个很乐观的人，在生活中不断寻找机会开导妻子。

一天，他们去医院看望一个朋友。朋友向他们诉苦，说自己的病是被累出来的，自己常常为了挣钱不吃饭、不睡觉。

回到家里，丈夫问妻子："如果现在给你一笔你想要的财富，但代价是让你像那个朋友一样生病躺在医院，你能同意吗？"

妻子想了想，说："不同意。"

过了几天，他们去郊外散步时，经过路边的一幢漂亮别墅，正巧看到从别墅里走出来一对白发苍苍的老者。丈夫又问妻子："假如现在就让你住上这样的别墅，但同时要变得跟他们一样老，你愿意不愿意？"

妻子不假思索地回答："我才不愿意呢。"

又过了一段时间，一天晚上，夫妻二人正在吃晚饭，电视里插播了一条新闻：他们所在的城市破获了一起重大团伙抢劫案，主犯因抢劫数额巨大，且作案性质恶劣，被法院依法判处死刑。

此时，丈夫看着妻子，问道："假如给你这些钱，让你马上像他一样去死，你干不干？"

妻子生气了："你胡说什么呀？就是给我一座金山我也不干！"

丈夫笑了："这就对了。你看，我们现在其实已经够好的了。我们拥有生命，拥有青春和健康，这些财富已经远远超过了一百万。此外，我们还有可以创造财富的双手，你还愁什么呢？"

妻子久久没有说话，在心中把丈夫的话细细品味了一番，突然领悟到了丈夫的良苦用心，觉得他说得很有道理。自此，她也开始试图乐观地看待身边的事情。

契诃夫说过："要是你的手指头扎了一根刺，那你应当高兴，因为这根刺没扎在你的眼睛里。要是你的火柴在衣袋里燃烧起来了，那你也应当高兴，因为你的衣袋不是火药库……"的确，知足才能常乐。应该知道"足"与"不足"的区别，知道"够用就好"的道理。

生活的本质是一样的，有的人比喻它是七彩绸缎，而有的人却形容它是一团乱麻。一把躺椅、一杯清茶、一本好书，有些人就能常乐；住上别墅，开上跑车，拥有爱情，有些人却仍旧不快——不同的只是个人的心境罢了。

人生有如一条河流，伴随着流过的痕迹，无论怎样斗转星移，都能用"不与他人比较"的心态接受所有的平淡生活。正如法国思想家伏尔泰所说："能够享受平淡生活的人们，才能真正领悟人生的真谛。"

一个人有躯体，不一定有生命；有生命，不一定有灵魂；有灵魂，不一定有感情；有感情，不一定有生活——生活才是人生的载体。别再把自己的生活放置在别人的标准和目光中，站稳自己的重心，理性地看待够与不够、好与不好，便不会再有参照系的比对和落差。

第 二 章

面对打击钝感一些，

跨越逆境方可成长

♥ 那些杀不死你的，都会使你更强大

常言道，人生不如意之事十之八九。生活中，我们遇到的每个人未必都是自己喜欢的人；经历的每件事未必都是自己看得惯的事；度过的每一天都不一定充满幸福与快乐，有时甚至充斥着烦恼与痛苦。在这样的人生历程中，无数人感到烦躁不安，甚至对人生绝望。殊不知，那些我们不喜欢的人与事，也许会给我们带来一时的痛苦，但我们不要排斥它们，更不要试图把它们从人生之中清除出去，面对它们我们要多一些钝感力。因为这些痛苦的磨砺虽然使我们暂时失去快乐，但是能迫使我们不断成长，不断砥砺前行，最终使我们成为更好的人，也拥有更加美好的人生。

面对磨难多一些钝感力，每个人都是在痛苦中不断成长起来的。尽管人人都希望得到命运的青睐，被命运捧在手心里，但实际上，快乐使人生充实，痛苦使人生变得厚重而又坚实。不要再抱怨人生中有太多的不如意，给我们带来太多的痛苦，当我们拥有顽强的生命力和坚定不移的信心时，那些痛苦就会成为人生中最宝贵的养分，促使我们成为真正的强者。

大学时期，小敏最不喜欢的就是英语课，因为她不喜欢英语。为此，大学毕业后，小敏原本心仪一家外企，却因为英语不过关，导致其他方面都非常优秀的她被淘汰了。此时，小敏才意识到当初庆幸英语老师什么也不管是多么自由自在，如今却要吃足苦头，把大学里没有学好的英语在大学毕业后补起来。

和小敏一样，清逸原本也不喜欢英语，不过，清逸遇到了一位非常严格的英语老师。这位英语老师对学生要求非常严格，只要有学生达不到她的要求，在尊重人格的基础上，英语老师总是什么难听说什么，简直让被批评的学生恨不得找个地缝钻进去。背地里，同学都说英语老师是女魔头，让人胆战心惊。然而，说归说，为了免遭"噩运"，同学在每次下课后都会认真完成英语老师布置的作业，而且在上课前会主动认真地复习，毕竟都已经是大学生了，谁也不愿意被英语老师挖苦讽刺得面红耳赤啊！就算是英语最差的同学，或者家里有钱有势对学习漫不经心的同学，只要上英语课，必然正襟危坐，片刻不敢懈怠，就连打个哈欠都担心错过什么。在如此严格的课堂上了四年的英语课，原本像小敏一样对英语不感兴趣的清逸，毕业后居然顺利进入一家知名外企，成为不折不扣的高薪白领。这到底是为什么呢？原来，不知不觉中，在痛苦地上每一节英语课时，清逸的英语水平都在不断提高。看到小敏无法进入外企而不得不去参加英语培训班的痛苦模样，清逸由衷地感谢英语老师："谢谢你，英语老师，是你让我们在痛苦中坚持充实自我。"

人们常说，走得太快的路，通常是下坡路。的确，小敏大学四年的英语课是在睡觉或者看小说中度过的，这样快乐的时光过得飞快，而毕业后找工作时面临的尴尬窘境却使人无法面对。相比之下，清逸在大学校园里的每一节英语课都过得很痛苦，简直堪称"折磨"，正因为如此，她才能不浪费每一秒，在毕业后脱颖而出，顺利进入知名外企。正如有人所说的那样，人生中没有任何一种付出是毫无回报的，也没有任何一段经历是白白经历的。只要多多用心，利用宝贵的青春时光提升自己，我们就能如愿以偿获得成长，也最终会从痛苦中蜕变出来。

　　任何时候，命运都不会无缘无故地善待我们。生命的诞生总要经过剧烈的痛苦，在生与死的边缘徘徊。生命的成长也不是平白无故的，更不可能一蹴而就。很多时候，痛苦使人清醒，也逼迫我们不得不寻找人生中新的生机和机遇。现代社会，很多年轻人都是独生子女，习惯了从小接受长辈的照顾，即便走入社会，也很难做到脚踏实地学习和工作。然而，这一切都是不可替代的，正如父母不可能陪伴他们走完一生一样，他们最终要成长，要独自坚强地面对世界，要破茧成蝶超越自己。

　　从侧面来看，那些无法使我们幸福快乐的事情，未必就是错误的。不管是判断一个人对我们是否有益，还是判断一件事情对我们是否有利，我们都不能单纯把快乐与不快乐作为唯一的标准。

常言道，"良药苦口利于病，忠言逆耳利于行"，很多时候，痛苦的事情反而能带给我们成长，让我们警醒。不要急于排斥那些使你不快乐的人或事，在人生的道路上，也许他们注定不会带给我们幸福快乐，却会逼迫我们艰难地前行，直到我们遇到更好的自己，成就更精彩的人生。

♥ 在困难面前学会钝感，才能迎难而上

没有人生来就喜欢吃苦，但是"梅花香自苦寒来"，没有付出，往往就没有回报。我们获得的任何好东西，几乎都要经过艰辛的努力才能得到。有吃苦精神不一定会成功，而没有吃苦精神则肯定无法成功。

内蒙古的冬天，总是狂风大作，寒冷刺骨。我记得上高中时，有一天狂风带着呼啸的声音，室外下着暴雪，所有同学从宿舍到教室这段很短的距离，也都是飞奔而入。每个人从心底到嘴边都在叫冷，屋子里充满跺脚声，大家都没有了读书的心思。

这时，鼻子被冻得通红的班主任王老师打开门走进教室，一股寒风趁机席卷而入，墙壁上的《世界地图》被吹得一鼓

一顿，掉到了地上。

往日温和待人的王老师此时却一反常态，满脸的严肃庄重，甚至是冷酷。教室里本来乱哄哄的学生看到严肃的王老师，顿时安静了下来，大家都惊诧地望着他。

"请同学们先把书本收起来，现在我们到操场上去。"

同学们几乎不敢相信自己的耳朵："这是为什么？"

"因为我们要在操场上立正五分钟。"

同学们想："这么大的雪，老师让我们去外面站立，老师要做什么啊？"

尽管王老师下了"不走出教室，以后就别上我的课"的"死命令"，但还是有几个同学拖拖拉拉地没有走出教室。

走出教室，如我们所料，整个操场风雪弥漫。运动器材被雪团打得啪啪作响，风雪太大，吹得人几乎睁不开眼、张不开口，雪粒雪团打在人脸上时，就好像有刀子划过。所有人就像一群刚从狼窝逃出的绵羊再次见到凶神恶煞般的狼一样，挤在教室的屋檐下，不肯迈向操场。

王老师走过来，先脱下羽绒衣，然后面对我们站定，说："快到操场上去，站好！"我们只好老老实实地走到操场，并排好了三列纵队。此时，瘦削的王老师只穿了一件白衬衫，被衬衫紧裹着的他更显单薄。看着亲身示范的王老师，大家也都规规矩矩地站好了。五分钟过去了，王老师平静地说："解散！"

回到教室，王老师说："没有走进风雪时，我们都会觉得自己扛不住这场风雪。但事实上，半个小时你们也站得下来，倘若只穿一件衬衫，你们也能顶得住。面对困难时，大多数人都会先把困难放大，未接触它就退缩，但当我们走向前去，与困难尽力一搏时，你就会觉得，困难也不过如此。"

后来，再回想起这件事，我总是庆幸自己当时没有缩在教室里。在那个风雪交加的空旷操场上，在那个不愿意踏出舒适区的寒冷早晨，我学到了人生中重要的一课，那就是要有"吃苦"的精神。

我们的一生中，会遭遇很多困难，唯有在面对困难时学会钝感，才能在遇到困难后微笑以对。经历的困难越多，我们往往会越成熟，更加懂得处理和解决问题的办法。多吃点苦，我们才能在面对困难时，充满克服的勇气。别害怕挑战与难题，因为难题越多，我们越能找出解决方法；别担心困境，只要我们有突破困境的信心，再险恶的境地我们都能安然跨过。

要想做出成绩，就不能"心疼"自己。李连杰在电视上曾做过一个广告，其中有一句广告词："男人，就应该对自己狠一点。"任何一个人要想做出一番成就，都要对自己"狠一点"，要能吃苦才行。

在坚持写作的这几年里，我从一个默默无闻的新手，到渐渐确定了自己的写作风格，也获得了一些出版社编辑的认可，越来越多的公司和出版社开始向我约稿，出的书也越来越多。对于一个写作者来说，最开心的事情莫过于看到自己的一本本书上市，一篇篇文章被转载，看到心有共鸣者为自己留言，听到圈里的好友为自己喝彩。

万事开头难，写作也一样。大学时，我读的是与中文毫无关系的专业，毕业后又从事着与写作毫无关系的工作，心里却始终有一个文学梦。

自知起点比别人低很多，为了提升写作水平，我曾几度辞去工作，把自己关在小黑屋里专心读书和写作，也有一天身兼三份工作仍然不忘写作的经历。可即使这样努力，我还是没能赶上别人的脚步。

写作伊始，我曾和几个文友一起建立了交流群，不出半年，几个文友陆续签约了平台，也无声无息地退出了在他们看来已经无法"物以类聚、人以群分"的微信群。

水往低处流，人往高处走。那些熬出来的人，自然不肯再陪我们玩耍，而我也多么希望有一天能追上他们的脚步，看到自己的文章被更多人关注。

别人只需要花费半年，甚至两三个月就可以完成的事情，我却要用年计算，而且不是一两年，而是三四年，甚至更久。

后来有文友惊奇地对我说："呀，不知不觉你已经写了这么多本书了啊！"

他们永远也不会知道，我为此倾注了多少时间和精力。当文章没有阅读量的时候，我就自己转发宣传；当文笔尚劣的时候，我就每天逼自己研究一篇爆文；当素材不够的时候，我就利用各种空闲时间去追热点、看论坛，甚至不惜花数天的时间去深读一本书。

吃苦都不怕，就没有什么可怕的了。有人用这样的话激励自己："苦不苦，想想红军长征两万五；累不累，想想革命老前辈。"和战争年代的人比起来，我们的苦大概就算不了什么了。

众所周知，精致的瓷器，都要经过多次烧烤。多次烧烤的瓷器，更加坚固和精美。无数事实告诉我们，在漫长的"烧烤环境"中禁得住磨炼的人，才有可能成功。在生活中，那些怕吃苦、拈轻怕重的人，是很难干出事业、做出成绩的。干事业需要的是泼辣、狠劲，需要"皮实"一点的人。

为了锻炼吃苦精神，我们可以给自己"制造"困难，使自己得到提高和锻炼。比如，"排演"一场比你所要面对的困难更复杂的挑战；又如，手头上有诸多棘手的活而自己又犹豫不决时，不妨挑选更难的事先做。生活中，一切可以让你感到为难的事情，你都可以用来挑战自己。这样做，当然不是为了"没事找事"，而是为开辟成功之路做必要的铺垫。

我们不要坐等危机或悲剧到来时，自己毫无准备、手忙脚乱。圣女贞德说："想要赢一次，就必须受十次伤！"成功不仅要有明知山有虎、偏向虎山行的勇气，还要经过多次磨难的洗礼，才能够获得赢的希望！

事情的真相就是：你对自己越苛刻，生活就对你越宽容；你对自己越宽容，生活就对你越苛刻！至少从明天起不再赖床，走出家门，让你的脸庞在刺骨寒风中挂上微笑的印记！

♥ 成年人的世界里，从来没有"容易"二字

钝感力高的人，永远都明白成年人的世界里没有"容易"二字。他们明白对外界太过敏感只会让自己受伤。他们不会抱怨社会带来的艰辛，也不会因为困难的到来而退缩。因为，他们明白，这就是社会，这就是生活中必须面对的事情。而当你面对这些艰辛和困难时，钝感力是你战胜它们的助推器之一。

前几年，刘若英执导的电影《后来的我们》里面有这样一个情节：男主角林见清花光了自己的年终奖，租了一辆小车，拉着一车的礼物，准备风风光光地参加同学聚会，结果却被老同学一眼看穿了他装大的事实并对他极尽嘲讽。好胜心极强的林见清回到北京之后发愤图强，最终做出了一款备受欢迎的游戏，在业界一炮而红。之后他更是与知名游戏公司签约，人生从此

走上巅峰。

电影中的情节或许自带"主角光环"，但是这样的事例在现实生活中也不少见。曾经听说过这样一个故事：

有一个男孩，出身于一个贫穷人家。由于家中经济条件有限，男孩没上过什么学，早早步入社会开始打工。男孩没有什么学历，更没有什么技能，于是只能到一个洗车店，成了一名普通的洗车工。

有一次，店里来了一辆崭新的劳斯莱斯，男孩第一次看到这么豪华的跑车，出于好奇就忍不住摸了一把方向盘。没想到，男孩的这一举动被领班发现了，领班冲过来狠狠地打了男孩一巴掌，并冲男孩吼道："车子万一被你摸坏了怎么办？就凭你这个样子，洗一辈子的车都不可能赔得起。"领班的话语深深刺痛了男孩的心，男孩从那一刻起决定要发愤图强，下定决心终有一日要买一辆属于自己的劳斯莱斯。

这个念头在男孩的心中从未被忘记，每当他在奋斗过程中遇到困难想要放弃的时候，这个念头就越发强烈，而且这个念头逐渐变成了鼓舞男孩不断前进的强大动力。若干年后，男孩终于获得了成功，实现了当初购买劳斯莱斯的愿望。实际上，后来这个男孩红极一时，资产更是多到令人咋舌。据小道消息，他名下不光有劳斯莱斯这一辆座驾，还有其他五辆名车，共计六辆世界名车，而这些也不过是男孩名下资产的冰山一角。这个男孩就是香港的一位知名影星。

我们的出身、家庭条件都是无法改变的，能够改变的只有当下以及未来。面对过去的不如意以及无可奈何，不必难过，不必忧伤，我们要知道，正是因为经历过种种磨难与困苦，我们才会拼了命地想要摆脱现状，去向外界证明自己的价值。

面对那些因为我们的过去而打击羞辱我们的人，我们更应该不卑不亢，扎实地走好自己的路，凭自己的本事和能力还给他们一记响亮的耳光。在这世界上，从来就没有谁能够轻易将我们打倒，除了我们自己。年轻时出于种种原因被别人踩在脚下的尊严，终归还是要靠我们自己一点一点地捡回来。

微博上曾经疯狂转载过这样一张照片：暴雨突然来临，卖水果的小孩无处躲藏，只能蜷缩在小推车底下，蒙蒙的雨雾中，形单影只的她显得那么寂寥与孤单。而更让人扎心的是下面评论里的这一句话：人到了一定的岁数以后，自己就得是那个屋檐，再也无法找地方躲雨了。

在成年人的世界里生活，从来就没有过"容易"二字。随便在大街上问一个人，可能就有着心酸的过往。生活在世，我们每个人都有自己的艰难和困苦，都有自己必须面对的单枪匹马的战斗，谁都逃避不了。经历多了，坚强惯了，我们就会明白，在这世界上生活，我们必须靠自己去努力。

靠自己，只能靠自己，这世上就是有很多我们无法改变的事实，只能自己经历，别人无法代劳。即使逃过这一次，后面还会有更大的磨难在等待着我们。去西天取经的唐僧，看似最软弱、最不会保护自己，却是意志最坚定的那一个，即便历经九九八十一难，也没有改变取得真经的初心与目标。事实也告诉他，历经磨难之后收获到的，不光是真经本身，还有流传千古的传奇人生。

你看，曾经你所经历过的一切磨难、一切不愉快的回忆，只要运用得当，最终都将变成你成长的基石。过去的失败也罢，落魄也好，都已经是过去的事情。只要保持努力，不断学习进步，相信自己，最终就一定能够到达更加美好的未来。

人生就像是一段向上攀岩的过程，如果只是一味地靠别人帮忙，最终结果很有可能就是连同帮助我们的人一同坠落。只有对自己决绝一点，正视经历过的磨难，有用的继续放进行囊，没用的就地丢弃，人生才能走得更远，走得更快。这世界上从来没有谁的生活永远是顺风顺水的，家家有本难念的经，我们每个人都有自己的烦恼以及难以忘怀的痛苦经历。而旁人能给的帮助其实只是杯水车薪，不论什么时候，真正能够将你从深渊里拉上来的，都只有你自己。

♥ 面对磨难多些钝感，那是成长的必需品

在人生漫长的路途中，你可能有过春风得意和风光无限的时候，也可能被挫折、不幸打倒过，又或者你正处在彷徨和失意中……人的一生会遇到各种各样的困难，在你追逐梦想的过程中不可能一帆风顺，其中会有阻碍，有艰险，更有意想不到的挫折和磨难。

磨难是把"双刃剑"，它对于不思进取、意志薄弱的人来说，比严寒还要冷酷无情，它可以让充满抱负的人放弃希望，使自信满满的人颓废自卑，也可以使鲜活的生命霎时失去光彩。然而，面对有钝感力的人，磨难可能会变成一笔宝贵的财富。

巴尔扎克是 19 世纪法国伟大的批判现实主义作家，欧洲批判现实主义文学的奠基人和杰出的现实主义文学代表，他的一生充满了坎坷。

1799 年 5 月 20 日，巴尔扎克出生于法国中西部的图尔市，幼年缺乏母爱。他生活在一个冷漠的家庭，即使是母亲，也对他很冷漠，他在家里就像是一个多余的人。当回忆起这段不堪回首的过往时，巴尔扎克愤愤地说道："我

的字典里就没有出现过'母爱'二字。""我的童年充满了同龄人所不能想象到的艰辛。"

长大以后，巴尔扎克的梦想是成为文学巨匠。从1819年的那个夏天起，他就开始了他的写作事业。阁楼很小，只有咫尺，夏天热气腾腾，冬天寒风飕飕。他没有白天、黑夜，没有娱乐，总是不停地写。后来，他一度弃文从商，但因不善经营，导致负债累累，债务高达10万法郎。为了躲避追债，他曾先后6次搬家。他对朋友说："我经常为一点儿面包、蜡烛和纸张而发愁。受债务所累，我就像只受惊的兔子，四处奔逃。"

勤于写作的巴尔扎克常常每天坚持十几个小时去进行创作。他在30多年的创作生涯中，撰写了91部小说。作为文学巨匠，他在世界上的影响力很大，但他的一生却在艰辛和贫穷中度过。他曾用一句话概括自己的遭遇："我的一生都是在和痛苦、贫穷为伍，而且常常不能得到别人的理解。"

1850年8月21日，在巴尔扎克的葬礼上，雨果这样说道："在最伟大的人物中间，巴尔扎克是名列前茅者；在最优秀的人物中间，巴尔扎克是佼佼者之一……可叹啊！这个惊人的、不知疲倦的作家，这位哲学家、思想家、诗人、天才作家，在我们中间经历了所有伟人都不能避免的那种充满风暴和斗争的生活。今天，他在平和宁静中安息了。现在，他超脱了一切争吵和仇视……"

巴尔扎克就是一个面对磨难有较强钝感力的人。磨难不仅不能打败他，还丰富了他的人生经历，让他体味到很多人不能体会到的生活，也为自己的思想和创作注入了灵魂。就像一位哲人说的那样：成功总是与磨难为伴，人杰总是在逆境中成长，英才总是在挫折中诞生，悲痛是成功黎明前的暗夜。成功者面对磨难时大多都有很强的钝感力，这有助于他们战胜磨难，登上成功的宝座。

或许环境带给你许多痛苦和挫折，让你的身体和心灵备受磨难，但是只要拥有一颗坚忍的心，拥有一种积极进取的精神，最终就一定会战胜挫折、摆脱困境的。这种坚忍和积极进取就是我们这本书强调的"钝感力"。面对任何挫折与磨难，如果你内心钝感，不把它当回事，你就能以积极的心态去超越它、战胜它。若是你面对它时内心过于敏感，就有可能会被它吓退，产生放弃的想法。下面驴子的故事事例，或许能够给你更多的启示。

一个农夫赶着他的驴子从集市上回来，路过一片田地时，驴子不小心掉进了枯井里。农夫绞尽脑汁想要救出驴子，可是都没能成功。几个小时过去了，驴子还在井底哀嚎着。最后，农夫迫于无奈只能选择放弃，因为这头驴子已非壮年了，救它上来还需要大费一番周折，这显然是不划算的，但是，无论如何这口井是一定要填起来的。于是，农夫就找来了邻居，请他们帮忙一起填井，顺便将井里的驴子一起埋掉。

接下来，大伙左一铲右一铲地开始填井了。当这头驴子意识到危险的境况后，叫得很是凄惨。但让人意想不到的是，没过多久它就安静了。大家情不自禁地向井底看了一眼，出现在眼前的一幕让他们大吃一惊：

当填井的泥土落在驴子身上的时候，它就会把泥土抖落在地上，然后站到土堆上面。

就这样，填井的土越堆越高，驴子也慢慢地随土堆站到了井口，然后在众人惊奇的目光中快速逃离了。

挫折和磨难就像是那些纷繁而下的泥土，在我们本来就不妙的境遇下又无情地加注到我们身上，承受这种压力真的是一件痛苦的事情。但是如果我们畏惧它，只知道傻傻地忍耐，以致生命都受到了威胁，那就被它压垮了。相反，我们要鼓足勇气，像抖落泥土一样把这些困难抖落下去，使它们变为我们走向成功的垫脚石。有了这样的勇气，即使井再深，困难再大，我们也可以轻松地战胜。

如果把生命比喻成一部伟大的乐章，那么这部乐章中最不可或缺的音符就是挫折和磨难。要想让这部乐章迸发出最美妙的音符，就要经历重重磨难的考验，并保有奋斗的激情，用最顽强的精神，和这些磨难搏击到底。

♥ 内心多一些钝感力，别把结果看得太重

我们经常会遇到这样的时刻，越是担心什么就越会遇到什么。在面对一些重要任务或者关系重大事件的时候，事情仿佛是在跟人们对着干一样，你越是怕出错，它就越是出错。各位读者可以仔细想一下，你今天有重要会议，想着上班千万别迟到时，往往会出现交通拥堵现象；你下周准备期末考试，想着千万别在考试前生病时，往往在临近考试前几天突然就会生病。这种事我们可以用一句俗语来形容："怕什么，来什么。"

美国著名的气步枪选手马修·埃蒙斯就深陷其困扰。

在 2004 年的雅典奥运会赛场上，来自美国的射击选手马修·埃蒙斯在 50 米步枪三姿比赛的前 9 枪打出了优异成绩，人们认为只要他能正常发挥，就可以稳稳地将金牌收入囊中了。可是意外偏偏就在这时发生了，马修竟然将子弹打到了别人的靶子上，而且是个 10.6 环，就这样马修丢了 1 块奥运金牌。到了 4 年之后的北京奥运会上，马修再次上演了失误的一幕。在倒数第二轮领先第二名将近 4 环的情况下，他最后一枪又出现了严重失误，只打出了 4.4 环，于是马修再次

将金牌拱手让人。当然，憾事并未就此结束，到了 2012 年的伦敦奥运会，马修再次在最后一枪出现失误，将已经唾手可得的银牌，送给了一位韩国选手。

美国斯坦福大学研究发现：人大脑中的某一想象图像，会对人的神经系统进行刺激，将自己假设的情况作为真实情况，并会为之努力。比如，上文提到的马修·埃蒙斯，在射击之前，他总是感到焦虑，担心自己射不出好成绩，于是他会一再告诉自己不要将子弹射偏，这时候他的大脑便会自然形成一种子弹射偏的清晰图像。结果就像是玩笑一般，子弹会偏出靶心。

由此可见，在处理一些关系重大的事件时，要让内心变得钝感一些，不要将失败的结果看得太过严重，不能让自己一直处于焦虑的状态。心态钝感一些，失败一次又如何，大不了从头再来。

美国有一个青年名叫麦基，出身贫寒，也没有接受过高等教育，但他凭着不凡的勇气来到了波士顿。

在波士顿，他结识了一位名叫荷顿的朋友，并合伙开了一家布店。后来，他爱上了荷顿的妹妹，却遭到了荷顿的反对。因为在荷顿看来，麦基没有什么能耐，根本配不上自己的妹妹。最后，麦基只得带着荷顿的妹妹离开布店，开始了他们的新生活。

婚后，麦基自己开了一家经营针线和纽扣的小店，本以为能大赚一笔，结果生意非常惨淡。麦基从这次失败的经历中明白了，不仅要考虑到客户的需求，还要考虑客户购买的可能性——有谁会为买一颗纽扣走很远的路呢？

在那之后，不甘心的麦基又先后开了两家布店，但结果都以失败收场。不过，他也从中明白了许多经营之道，比如，做生意要处理好从进货到销售过程中的各个环节，任何一种经营策略都要结合具体的环境才能发挥作用等。麦基的经商之路并不是一帆风顺的，几经波折之后，他几乎赔光了所有积蓄。

就在这时，当年嫌他没有本事的荷顿却找上门来，并愿意提供资金让他东山再起。荷顿认为，麦基这些年虽然经历了很多失败，但从失败中汲取了很多经验，增长了许多智慧，长了许多能耐。如今，麦基已经是一个合格的合伙人。

在荷顿的帮助下，麦基又开起了自己的商店，并在很短时间内开设了许多分店。10年之后，麦基的生意扩大了数十倍，成为全世界知名的百货公司之一。

成功者往往都是输得起的人，他们不是未曾被击倒过，而是在被击倒之后，仍能够坚定地站起身，向着前方勇敢地迈进。

美国诗人惠蒂尔说："从不获胜的人很少失败，从不攀登的人很少跌倒。"而想赢的人从来都不会怕失败或是遭受打击。胜利固然值得骄傲，但在拼搏中经受失败的人更值得尊重。只要你输得起，就一定有重新来过的机会。

♥ 刻薄的打击，有时能让我们满血复活

一片麦田能否丰收，需要适宜的温度，需要水的浇灌，需要肥料的滋养。是不是只有这些就足够了呢？答案是否定的。麦子要禁受风吹雨打的考验，这样才能有结实的秸秆；还要顶住烈日的暴晒，这样的麦粒才更饱满。不管是雨水肥料的滋养还是狂风烈日的打击，都是上天赐予麦田的成长之礼。

麦田如此，一个人的成长亦是如此。我们成长的道路上如果只是一味被表扬被赞许，那么我们往往容易满足现状止步不前，更有甚者被赞扬冲昏了头，不能及时发现自身存在的问题，导致我们不进反退。相比之下，一些看似刁钻刻薄不留情面的打击，更能让我们认清自己的不足，激起我们的斗志。

这样的例子在我们身边比比皆是：

李强工作已经有两年多的时间了，一切还算顺利，待遇也不错，可是他一直开心不起来。原来，李强一直想成为一名人民教师，但高考时出于成绩一般以及父母干预等原因，他未能被一直向往的某师范大学录取，最终进入了一所非师

范学校，毕业后从事的工作也是和大学所学专业对口的。

工作这几年，李强想"成为一名教师"的这个梦想一直未破灭。在一次老同学聚会上，他说出了自己的想法：希望通过跨考师范类专业研究生来实现多年的理想。此语一出，引来大家的热烈讨论。

同桌说："挺好的，我支持你，加油！一定可以的。"鼓励的话是好听，可是坦白讲李强心里没底，毕竟已经参加工作了，想静下心来学习，不是几句加油鼓励就能搞定的。

同宿舍的一个哥们儿说："你现在不是有工作吗？考不考没啥意义，反正毕业还得找工作，多麻烦啊。"这个道理他懂，可是没做喜欢的工作他心里就是不甘心。

其他同学也都你一句、我一句地说着，不过也都和上面两位说的差不多，各有各的理，李强听着也很是纠结。

后来老班长发话了："你小子还是算了吧，还考什么，做什么事都是三天打鱼两天晒网没什么恒心，要是你都能考上，那岂不是太没天理了？而且你又贪玩，有时间还是好好打网游、打篮球吧。你要是能考上，那就是我听过的最冷的笑话了……"话音一落，惹来大家一阵狂笑。

李强很是尴尬，老班长的每句话都刻在了他心里。

回去以后，他不再犹豫，不再抱怨，开始搜集相关资料，积极和学校联系，刻苦学习。其间也有过要放弃的念头，可是他一想到老班长那些刻薄的话，斗志一下子就燃起来了，像游戏里的人物一般，立马满血复活且战斗力满格。

苍天不负有心人，后来他终于如愿考上了。回头看这段路，给他留下最深刻感受的不是只说加油的人，不是劝他再三考虑的人，而是那个当众打击他的老班长。

　　老班长打来电话祝贺他，夸他好样的，说他的确没辜负自己的一片良苦用心。他半天才反应过来，原来老班长不是真的看不起他，也不是不相信他，而是知道他自尊心强，得用激将法才管用。

　　生活中从来都不缺老班长这样的人，总是打击或批评着我们，如果正确对待，我们就会不断地超越自己，做得更好。相反，如果我们只知道对他们充满敌意，而不去改变现状，那么我们永远都不会进步。要知道，好听的话谁都会说，它虽不伤和气但是也没法让你进步，批评的话只有真正关心你的人才愿意说，它能使你知不足而思上进。

　　媒体上每天都有关于各种名人成功事迹的报道，我们在羡慕他们风光无限的同时，却很少知道，他们是平凡小人物时也曾受过打击与挫折。

　　从一名普通的大学教师到坐拥亿万财富的中国最富有教师，从只有几间培训教室到做成全国知名的培训机构……这是俞敏洪曾经的人生经历。

　　大学毕业后留校任教的俞敏洪，因为身边很多同学好友都去了国外，所以他也慢慢地萌生了出国的念头。可是经过三年的努力尝试，最终还是未能如愿，于是他开始一边当老师，一边在校外办起了托福培训班，为自己同时也为更多人的出国梦而忙碌。

然而，有一天，俞敏洪在学校广播里听到了一则处分通报，这则处分通报不是别的，正是点名针对他私自办学行为的。

不得已之下，俞敏洪只好选择离开北大，自己创业。那时候的他为了节约开支，住十几平方米的屋子，自己用毛笔写小广告，在寒风凛冽的冬夜里，骑着自行车就着昏黄的灯光在中关村的大街小巷张贴广告。实在太冷了，他就裹紧衣服，喝口二锅头来暖暖身子，有着不干出一番事业不罢休的执着劲儿。

一分耕耘，一分收获，历经几多艰辛的俞敏洪终于成功了。此时的他得到了同学及学生的认可。经过时间的积淀，当他再次以受邀嘉宾的身份站在北大礼堂上演讲时，对这个曾经带给他荣耀及伤疤的地方，他更多的是充满了感激。

冰心说："成功的花儿，人们只惊羡她现时的明艳！然而当初她的芽儿，浸透了奋斗的泪泉，洒遍了牺牲的血雨。"试想，如果当年北大没有给俞敏洪处分，可能到现在他还只是一名普通的大学老师，也就不会有今天这么多耀眼的荣耀与头衔。对俞敏洪而言，北大当年处分他的初衷为何已不再重要，而它的意义却不言而喻，正是这个打击加快了他实现自己梦想的步伐，让他别无选择、全力以赴地为自己喜爱的培训事业而奋斗，并最终用实力证明了自己，让梦想绽放得如此炫目。

我们既然能够接受表扬和鼓励，同时也要能够承受得了打击与批评。不要去抱怨打击我们的人，要理智地思考他们所说的话，要正视自己不愿意去正视的软肋，要正视自己的不足，并在实践中不断完善。

♥ 钝感力就是别太把某些事当回事

说到困境，相信几乎每个人都会遇到。疫情之下，人心惶惶，经济下滑让很多人都觉得囊中羞涩，且对工作前景感到迷茫。在这种困境下，有的人抱有信心，并采取行动突破困境；有的人畏缩不前，对前景忧心忡忡。那么，到最后，哪种人能屹立时代潮头呢？答案当然是前一种人。

有这样一句话：努力了不一定成功，但不努力一定不成功。在面对困境的时候，考验我们的是我们自己是否肯努力，是否在努力。

智者告诉我们："人可以通过改变自己的心态去改变自己

的人生。"换句话说，我们有什么样的心态，就会有什么样的生活方式。那么，什么样的心态才算是好心态呢？答案自然就是拥有钝感力的心态。无论遇到什么挫折、困境，我们在心态上都要学着钝感一些，不把它当作一回事，那样才会有好的心态。有了好的心态，我们才会用心做好身边的每一件事。

　　大学毕业后，一个女孩进入一个规模比较大的地产公司工作。4年里，她从最基础的业务员做起，现在已经升到了业务经理，并且每个季度的业绩都能达到全公司的前三名。

　　由于表现出色，她深得老板的器重，同事有难缠的客户也都习惯求助于她，手下的员工也尊重她，这使她的威望逐渐变高。

　　在她看来，这个季度升任区域经理的人选非她莫属。她所在的公司人事升迁是内部升迁模式，具体是按业绩排名和综合成绩择优挑选。也就是说，她现在的级别是业务经理，如果顺利的话，按照她的业绩，这个季度她就可以升任区域经理了。

　　自从升迁的消息传出来后，她就感觉同事在有意奉承甚至是巴结她，她自己为此也有些扬扬得意，毕竟还不到30岁，如果能升任区域经理，那在这个公司也是少有的事。

　　很快，人事部让她去领取业绩考核单，并且让她核实了个人资料。看来，公司马上就要宣布任职通知了。想到这里，她不禁心花怒放。

可是，让所有人没想到的是，升任区域经理的居然是另一个人，大家都不明白为什么她落选了。得到这个消息后，她的情绪开始急转直下，强烈的挫败感让她觉得难以在这家公司再工作下去了。身边人对她安慰和开导了很久，但是效果甚微。

这个女孩在工作方面表现得很优秀，可就是因为习惯了这种优秀，她才更加难以接受出乎意料的挫败。

其实细想一下，生活中这样的事也不少见。很多事看上去是理所当然的，是必然的，于是人们就理直气壮地去做主观判断、下结论，然后按照自己的主观想法去行事。这样往往到最后会出现出乎意料的结果，事情没有按照自己的认识、意愿和判断去发展，甚至是朝着完全相反的方向发展了。这时候，大多数人都无法接受这个事实甚至是打击的，于是这就影响了他们原本积极的心理状态。

在现实生活中，没有那么多所谓的"想当然"，每个人的人生都有很多路要走，不管我们走的是哪一条路，各种意想不到的局面都有可能会出现，都不会以我们的意志为转移。

我们不能提前对生活下结论，不能一直把自己置于一个舒适、安稳的既定环境下，更重要的是，我们也不要动辄改道或临阵脱逃，我们唯有持续不断地坚持，树立起坚定的信心，才有可能在最后获得胜利。假如我们在一件事情上已经付出了很多努力，即使遇到困境，即使结果暂时与我们的想象和期待大相径庭，我们也不应轻易放弃，而是要坦然面对。因为只有这样，我们才不会前功尽弃，才不会倒在黎明前的黑暗之中。

第 二 章

不做情绪的奴隶，

钝感力让情绪更稳定

♥ 钝感力强了，焦虑也就减少了

"最近好累啊，好烦躁啊，郁闷死了。""为什么我就没有他那么好命，不像人家那样生下来就拥有一切，真是郁闷得要死。""想买那个包包，可是没钱，我啥时候才能有钱啊，真是郁闷！"……好像"郁闷"一直存在于一些人的生命里，不管遇到什么事情，他们张口就是"郁闷"。朋友们，郁闷是一种消极情绪，如果不及时走出来，你就会变得越发焦虑、悲观。不管是因为外界还是自身导致的郁闷，我们都应该懂得控制自己的情绪，让自己活得钝感一些，钝感力强了，快乐也就多了，焦虑也会随之减少，这样才能让郁闷远离自己，让内心更加轻松。

嫣然是一名刚刚上任不久的职员，由于是新手，对公司的事务还不是很熟悉，再加上她的领导又是一个脾气暴躁的人，所以她几乎每天都会被骂。

挨骂的原因姑且不论，因为实在太多了，仅就频率而言，嫣然也是难以忍受。嫣然是家里的宝贝疙瘩，从小乖巧懂事，备受父母疼爱，从小到大从未受过爸妈的责骂，工作前也没有想过会遇到上司的故意为难。

每次，她拿着自己写的策划书走到领导面前时，都会得到一个千篇一律的回答，那就是："你这也叫策划啊？这是什么烂东西你知道吗？这是你写的啊？写成这样你也好意思给我看啊？你的逻辑思维和表达能力连小学生都比不上！"接着就是令嫣然神经几乎崩溃的斥骂。

慢慢地，嫣然开始失去上班的兴趣了。"我到底有多差啊，让领导如此看不上眼，我真的是倒霉透顶了，在这样的人手底下干活。"每当嫣然想到这件事，就会非常生气，感到焦虑，经常无法入眠，情绪也越来越差。

后来的某一天，嫣然遇到了大学时代的学长，他现在从事的是新闻记者工作。嫣然不由自主地向学长倾诉起自己的苦恼。

听完之后，学长笑了。他说起了自己的经验："其实，这样的事情是很正常的。我记得刚入行的时候，我天天熬夜写稿子，一晚上的忙碌却也总是得不到肯定，第二天上班的时候就被领导大骂一顿，然后自己从头再来。现在看看，那些时光，竟然都熬过来了。"然后，学长给嫣然提建议，说，"再碰到这种事情时，可以把领导所讲的话当作一种教育，当作自己学习的代价。如果这么想还无法消除你的怨气的话，那么就把它当成你拿到薪水所必须付出的代价好了。"

后来，学长跟嫣然讲了很多职场上的生存技巧，听了这些话后，嫣然内心的郁闷好了很多，对待上班的态度有了一百八十度的转变。当嫣然把工作当成锻炼自己及拿薪水所必要做的事情时，心情就变得非常快乐了。

郁闷的结果是什么？是好好的一个人没能享受到生命中的快乐，反而给自己的心灵蒙上阴影，让它再也无法雀跃。不论有什么兴奋的事，郁闷情绪都会像一瓢冷水当头淋下，让好不容易提起的热情再次降温，使生活重新回到消极之中。

郁闷是一种慢性毒药，如果你一直坚守在郁闷的角落里不肯走出，那你的苦恼就会越来越多，你的精神也会越发萎靡，你对待一切事物都会毫无兴趣。所以，我们要努力驱走郁闷的阴云，让自己快乐地生活。

缓解焦虑可以尝试以下几种方式。

1. 看点搞笑的电影或娱乐节目

当我们感到郁闷焦虑的时候，可以看看搞笑的电影或者娱乐节目，让自己不停地哈哈大笑，这样就能改变自己的心情。当自己沉浸在喜剧之中时，心中的焦虑和郁闷就会逐渐转移，慢慢地消退。

2. 关注自身情绪，积极寻求帮助

多关注自己的精神状况，学会判断自己的内心状态，看看情绪是否稳定，心情是否愉快。如果觉得自己的情绪在某一个阶段不稳定，常常因为一些小事而感到焦虑或者郁闷，那么可以考虑求助一下心理咨询机构，让自己接受一些心理疏导。

3. 多做运动，唱唱歌

在焦虑或郁闷的时候，可以尝试跑步、打球，当人用尽全身力气时，焦虑和郁闷的情绪就好像伴随着汗水一起挥发出去了。也可以尝试去 KTV 唱唱歌，音乐会把你带到另一种愉快的情景中，当你高歌一曲时，焦虑和郁闷的情绪也会伴随着歌声飘向远方。

♥ 从容的心态才能增强钝感力

现实生活中，很多人都容易被负面情绪困扰，一是因为不少人的心理很脆弱，二是因为生活中有很多不如意的事情会干扰到人的情绪。情绪波动是生活中的常见现象，并且这种现象困扰着很多人。曾经有篇文章，其内容主要是告诉人们要活得钝感力强一些，做淡定从容的人。的确，云淡风轻、春风拂面的人的确会给他人带来良好的感觉，在人际交往中也会如鱼得水，遗憾的是，大多数时候，人们都无法很好地控制自己的情绪。要想改变情绪，就要知道情绪焦虑的根源在哪里。不管是男人还是女人，大家都会遇到各种各样的情绪问题，所以，唯有内心钝感力强一些，活得从容一些，才能真正拥有平静而美好的生活。

增强钝感力，说起来只有简简单单的几个字，做起来却很难。每个人都渴望得到成功，很多人更是把成功作为毕生的追求，但即使他们到达人生终点，也没能得到想要的成功。钝感力也一样。所谓"钝感力强"，另一种解释就是泰山崩于前而色不变，宠辱不惊，坦然面对人生中的各种境遇，哪怕遭遇了欺骗或者其他不友好的对待，也从不失去本心。

一个人要想成为真正的人生赢家，就要从容不迫，增强钝感力。不可否认，成为人生赢家并非轻易就能做到的，作为平凡普通且有着七情六欲的我们，要持续努力，争取距离从容人生的目标越来越近。当我们真的拥有从容心态时，曾经困扰和纠缠我们的负面情绪就会消失得无影无踪。

战国时期，靠近边塞的地方总是兵荒马乱，但是由于出关、入关的人都需要经过边塞，所以边塞的马匹生意很好做。有个老人就在边塞喂养马匹，卖给南来北往的客人。日久天长，那些从老人手里买过马或者熟悉老人的邻居，都称呼老人为"塞翁"。

边塞地域辽阔，老人养了很多马。有一天，当马群回到家里时，塞翁突然发现马群里少了一匹马。在当时，马可是非常贵重的财产，邻居们想到老人丢了马一定很难过，因此纷纷前来安慰老人，说："算了，就是一匹马而已，您千万不要伤心，身体健康最重要。"塞翁看着热心的邻居，不以为意地说："没关系，只是丢了一匹马而已，也许还会有其他收获呢！"大家都觉得塞翁一定是因伤心而糊涂了，哪有人丢了一匹马还不以为意的呢？因而纷纷摇头离开。没过多久，塞翁丢失的那匹马突然回来了，而且带回来了一匹胡人的骏马。这匹骏马通体赤红，一看就是不可多得的千里马。邻居得到消息，又纷纷赶来祝贺塞翁，说："平白无故得到一匹千里马，您老人家可真是好福气啊！"塞翁的那匹马失而复得，还得到了一匹好马，这应该是让人开心的一件事，但他却毫无喜意地说："天上掉馅饼，这可不是好事情，也许会有灾祸随之而来呢！"邻居议论纷纷："这个老头真是太心口不一了，平白无故得到一匹千里马，不知道心里怎么偷着高兴呢，却还要装出这样一副难过的样子，蒙蔽大家。"这样想着，邻居就离开了，不想再看到塞翁虚伪的样子。

塞翁的儿子很喜欢这匹意外得到的骏马，每到赶集的时候，他就骑着这匹骏马去集市上玩。有一天，骏马突然受到惊吓狂奔不止，塞翁的儿子从马背上掉下去摔断了腿。听说塞翁唯一的儿子摔断了腿，成了瘸子，邻居都不计前嫌，再次赶去安慰塞翁。不承想，塞翁却说："摔断了腿命还在，这也许也是好事。"邻居这下彻底看不懂了，他们觉得塞翁一定是老糊涂了，所以才会说出这些颠三倒四的话。没过多久，匈奴入侵，村子里的青壮年都应征入伍，只有塞翁的儿子因为是残疾人，所以不用上战场。结果，那些去打仗的人基本都丢了性命，唯独塞翁的儿子因腿瘸免于征战，父子俩一起保全了性命。

塞翁失马的故事一波三折，虽然邻居时而安慰丢失了马的塞翁，时而羡慕塞翁平白无故得到一匹骏马，最后又可怜塞翁的独生儿子变成了残疾，但是这一切都没有改变塞翁平静淡然的心。塞翁知道，福祸相依，不管是福还是祸，都不要盲目地欣喜或者绝望。塞翁的从容，让他在面对生活的大喜大悲时也能保持淡然，绝不迷失自己的本心。假如我们也能像塞翁一样平静淡然地对待生活中的各种变化，那么就能拒绝大喜大悲，迎来淡然从容。

人生路上不会一直都是一帆风顺的，尤其是现代社会发展迅速，意外事件时有发生，如果我们总是因为外部环境而不停地改变心绪，最终很有可能就会迷失本心。所以，唯有保持淡定和从容，我们才能更好地接纳和享受生活，也才能让一切都变得井然有序，不至于因为一时的慌乱而焦虑。

♥ 内心太过敏感，恐惧也会随之来临

生活中有些人神经大条，他们对于外界不那么关注，而更多地关注自己的内心，他们有的时候只活在自己的世界里，怡然自

乐。与他们相比，那些敏感的人就没有这么幸运了，敏感的人总是过于关注外部世界，也过于在乎他人的想法，最终惶惶不可终日，甚至迷失了自己。

现在社会生活压力越来越大，人们的工作节奏也越来越快，大多数人对于金钱和物质都有着空前强烈的欲望，很多人渐渐迷失了自己的本性。马斯洛曾经把人的需求分为五个层次，而所谓的"衣、食、住、行"只是最基本的生理需求。在满足最基本的生理需求之后，我们要更多地关注自己的心灵，追求更高层次的精神需求，这样才能让自己从对物质的欲望中摆脱出来，获得更高的眼界和更开阔的人生。

现代社会，很多人都产生了时代性的心理问题。之所以说是时代性的，是因为这些问题的诱因都与时代有着密不可分的关系。产生这些心理问题的根源之一就是敏感，大多数人对于"敏感"这个词都很熟悉，通常人们所说的敏感指的是某人对他人的言论行为，或者对外界的一些事物关注度很高。但从心理学的角度而言，过于敏感可能是一种心理障碍，会诱导人们产生很多心理问题，比如恐惧症，就是因为过于敏感才出现在人们的心中。人们常说初生牛犊不怕虎，为什么刚刚出生的小牛犊看到老虎不害怕呢？这是因为小牛犊根本不认识老虎，所以它们对于老虎不敏感，也不畏惧。当然，也许有人会说，这会导致小牛犊身处险境，甚至失去生命。的确如此，凡事皆有度，不管是过于麻木还是过于敏感都是不好的，最佳方式是掌握好敏感的度，在保证自己安全的情况下，尽量大胆起来。

不可否认，生活中很多人的恐惧来自敏感，人们因为怕被别人评价，所以很少愿意出现在他人的视线中，更不愿意与他人过多地交往。还有一些人害怕被陌生人拒绝，很多害羞的人甚至不敢在公开场合吃饭喝水，因为他们害怕被别人指指点点。在职场上，很多人因为胆怯而不敢和同事或者上下级争取自己的合理权利，最终成为被他人欺负的对象。尤其是在遭遇生活困境时，很多敏感的人因为害怕而止步不前。

通常情况下，敏感的人不愿意生活中发生太多的改变，也不愿意接受新生的事物，因为他们害怕如果自己不能很好地适应这一切的话，便会遭到他人的嘲笑，也许还会使生活变得更糟糕。日久天长，他们在故步自封的环境中变得越来越胆小怯懦，总是寻找各种各样的理由让自己停滞不前。其实，敏感的人可以暗示自己一切皆有可能，成功并不属于特定的那些人，只要自己愿意坚定不移地相信自己，就有可能创造美好的人生。很多人的勇敢并非天生就有，而是在漫长生活中渐渐培养和锻炼起来的。坚持做那些自己想做而不敢做的事情，告诉自己一切都不值得畏惧，我们就能慢慢走出内心的恐惧，成就一个强大的自己。

在汶川地震中，有一名 12 岁的少年冒着危险，在一座随时会坍塌的教学楼内，救出了好几名同学。虽然他年纪很小，但是他的内心毫无畏惧，他勇敢无畏地做出了让人敬佩的英雄壮举。相比这名年纪小小的同学，有名老师在意识到地震之后，率先跑出教室，全然置学生于不顾。这虽然是求生的本能，但由此也可以看出他的内心极度恐惧。

现代社会，勇敢的孩子越来越少，甚至有些孩子根本无法很好地保护自己。究其原因，是他们过多地接受了来自父母的照顾，慢慢地成了一个衣来伸手、饭来张口的孩子，对生活越来越缺乏主动性。当然，这与性格也有一定的关系，大多数胆汁质和多血质的人都非常勇敢，他们越是在艰难的处境中就越是能够爆发出勇气，从而表现出卓越不凡的行动力。心理学家经过研究证实，大多数人都不是天生勇敢，那些勇敢的人是要经过不断努力和培养，才能渐渐变得勇敢。所以，朋友们，千万不要因为自己的胆小怯懦而放弃自己，而是要激励自己，让自己变得更加勇敢，同时也要相信自己是能够改变的。

由于市场波动的影响，已近中年的张明突然遭遇了下岗危机。因为失去了从事几十年的工作，他觉得心里空荡荡的，毫无底气。对于未来的人生之路要如何走下去，他丝毫不敢想，也不敢面对，他感觉自己彻底崩溃了。他整日在家里闭门不出，还开始酗酒，每次喝醉了就会耍酒疯。其实，早在张明下岗之前，妻子刘丹就已经下岗了。然而，平日里看似柔弱的妻子，面对下岗的遭遇，却表现得很坚强。下岗之后不到一个月，刘丹就决定开一个早点摊。每天早晨天刚蒙蒙亮，刘丹就骑着三轮车，带着早点摊的全部家当赶到学校附近的巷子口摆摊。其实，刘丹起床比我们想象的更早，为了提前准备好豆浆、豆腐脑、馄饨等食材，她半夜就要起床。然而，一切的辛苦付出都是值得的，坚持了几个月之后，刘丹的早点摊生意越来越好，她挣的居然比在单位上班时还多了。

然而，刘丹挣的这点儿辛苦钱，只够一家人的吃喝和零碎开销。眼看着孩子又要交学费了，刘丹不由得发愁起来。刘丹愁得没办法，她觉得张明不能继续这样留在家里。假如自己做早点负责生活所需，而张明出去挣钱负责给孩子积攒学费，他们家的生活就会步入正轨。为此，原本顾及张明的面子问题，一直没有催促张明找工作的刘丹，当机立断开始劝说张明不要继续这样沉沦下去，而要像个真正的男子汉那样，更加勇敢地面对生活。毕竟只要生命尚存一息，生活就要继续下去。在妻子的好言相劝之下，张明终于把心中的死结解开了，他不再想之前工作的任何事情，而是开始全心全意地寻找新工作。半个月之后，张明也没有找到合适的工作，毕竟他年纪大了。思来想去，他拿出家里仅有的几千元积蓄买了一辆电动三轮车，开始在县城里载客。一开始，张明因为初来乍到，总是受到同行的排挤，但是想到孩子即将交不起学费，张明便变得无所畏惧。时间久了，张明的载客生意越来越好。半年之后，他挣了足够的钱，开起了正规的出租车，再也不用骑着电动三轮车艰难地谋生了。

不得不说，原本胆小怯懦的张明因为下岗开始酗酒，后来面临孩子即将交不起学费的困境，他突然变得勇敢，这就是人生态度的转变。事实告诉我们，人生最可怕的不是面对变化，而是畏惧变化。原本胆小怯懦的人在被事情逼到一定的份上之后，也会变得勇敢起来。其实，人的潜能是无限的，我们每个人都比自己想象的更加强大。假如我们足够骄傲和坚强，我们就会成为人生中真正的强者。

恐惧的情绪就像黑暗一样将我们吞噬，然而我们如果像向日葵一样始终向着太阳，就能够驱散黑暗，让人生充满阳光。尤其是在面对困难和坎坷的时候，我们更要勇敢，而不要一味地逃避。有人曾说，困难就像弹簧一样，你强它就弱，你弱它就强。更何况逃避并不能解决问题，只会使情况更加糟糕。在生活之中，我们一定要端正态度，无所畏惧，才能变得强大，在人生的路上大步向前。

♥ 情绪，也会像钟摆一样摆来摆去

现代社会发展迅速，事物日新月异，人们的生存压力增大，工作竞争激烈，心情常常焦虑不安。成年人的情绪有时候也像孩子一样反复无常，时而开心，时而沮丧，时而欣喜，时而绝望。人们常说，六月的天，孩子的脸，说变就变。殊不知，人的心情也和六月的天一样，时而艳阳高照，时而阴雨连绵，让人根本来不及防备。现实生活中，的确有一些人，他们的情绪很容易激动，前一刻还在哭泣，后一刻就破涕为笑；前一刻还在哈哈大笑，笑着笑着眼泪突然就出来了，他们使身边的人束手无策，根本不知道应该如何安抚他们。这样的情绪波动现象在心理学中很常见，也很普遍，很多人不但与他人相处时会出现这样的情况，就算在独处时，也会时而阴雨，时而晴朗，把自己都搞得莫名其妙。

针对现代人情绪多变的特点，心理学家曾经进行过研究，他们发现人的情绪很容易受到外界影响，呈现出极端的特点，诸如莫名其妙地焦虑，或者快乐。心理学研究证实，越是情绪激动的人，越容易走向极端，也更容易陷入绝望的深井，导致一些情况发展到无法控制的地步。可想而知，失控的情绪必然导致失控的人生，唯有有把握的人生才能从容不迫，也更容易获得美好的生活。就像极度的热胀冷缩会带来的严重后果一样，很多时候，情绪上的急剧变化对于人的身体健康和心理健康极其不利。当然，这并非要求每个人都喜怒不形于色，毕竟我们生活的乐趣也恰恰在于变化，而是告诉我们不管什么时候都要适当控制自身的情绪，不要被焦虑捆绑着被动地面对生活。

一个人很难彻底摆脱焦虑对自身的影响，唯有掌握自我调节的好方法，才能保持心情愉快，避免情绪陷入过大的波动中，防止一切都变得无法控制。例如，在现实生活中，为了让心理上有所寄托，可以努力培养自己的兴趣爱好，让自己在闲暇的时候有事情可做，也能够在心情郁郁寡欢的时候转移注意力。很多人都热爱艺术，在感到焦躁不安时，他们会唱歌、跳舞或画画，以排遣内心的焦虑，让自己变得快乐起来。每个人的兴趣爱好都是不同的，只要是健康的爱好，只要能够对我们的情绪起到舒缓作用，就都是可取的，诸如运动、绘画、阅读、听音乐、插花等，都是很好的排遣方式，都能帮助人们消除焦虑情绪，恢复平静理智。

近来工作比较繁忙，设计师小梦接连不断地加班，已经一个月没有休息了，而且有的时候晚上下班还很晚，这使她的心情糟糕极了。她觉得自己的心就像是夏日雷阵雨来临前空中的乌云一样低沉，似乎能够拧出水来。有的时候她前一刻还在和朋友煲电话粥哈哈大笑，后一刻挂断电话，她就会陷入沮丧之中，恨不得大哭一场。她已经28岁了，却还没有找到合适的男朋友，每天挤在与人合租的一间朝北的小房间里，除了一张床外，几乎没有可以让人下脚的地方，她觉得自己的人生很失败、很绝望。

一天晚上，小梦十点下班，坐上末班车，十一点半才回到租住的房子里，她忍不住痛哭流涕。她哭得撕心裂肺，似乎世界末日即将到来。足足哭了一个多小时，她才忍住眼泪、恢复平静。意识到自己的情绪濒临崩溃，小梦决定请假休息一天，好好调整一下自己。次日，她一觉睡到自然醒，觉得心里满足极了。下午，她约了闺蜜一起去逛街血拼，还一起去吃最爱的麻辣小龙虾，喝着冰镇的啤酒，这一刻小梦感到非常满足，也觉得此前的一切付出和努力都是值得的。

毫无疑问，小梦是比较理性的，对于自己的身体和心理状况也比较关注。她意识到自己的精神过于紧张，心理压力也太大，便果断采取措施，不再让自己勉强支撑，也避免了更严重的后果。我们应该向小梦学习，在意识到自己状态不佳的时候及时采取手段，解决问题。实际上，很多情绪问题都是不断积累才越来越严重，我们若能调整好心态，及时处理情绪问题，就不会发展到无法收拾的地步。

人的一生很难一帆风顺地度过。任何情况下，都要以积极的态度微笑面对人生，才能得到人生的礼遇，也才能得到人生的馈赠。焦虑就像钟摆一样一刻也不停地摆来摆去，唯有拥有强大的内心，才能得到人生中更多的惊喜和礼遇。从现在开始，既然哭着也是一天，笑着也是一天，那就让我们欢笑着度过生命中的每一天吧！

♥ 敏感之人爱忧虑，而忧虑会让你变得更老

大多数女性的敏感通常表现在内心的忧虑上，这是大多数人都认可的事实。有些女性自己也承认，心事太重，心里装不下事，有一点儿风吹草动就开始担惊受怕，开始发愁，甚至杞人忧天。诚然，女性较之男性要细致许多，凡事习惯思前想后，未雨绸缪。但是，整天忧心忡忡、愁眉不展，事情就真的能解决了吗？

李佳最近一直在和老公闹"冷战"。李佳是个心思非常缜密的女人，但个性胆小怕事，凡事思前想后，稍有一点儿不踏实就睡不着觉。正因为如此，结婚3年来，这种"冷战"状态几乎成了他们的家常便饭。有一次，李佳的老公看中了一处房子，所以和她商量想把家里的积蓄全部拿出来买房，毕竟两人结婚以来一直是在租房子住。可在房子的产权问题上，李佳极为不放心，虽然老公已经从有关部门得到了肯定的回复，但李佳就是害怕地产商的这个工程不合法，怕自己的房子没有法律保障。李佳自己忧心忡忡、想东想西不说，几乎每个夜里她都要把老公叫起来询问这

件事。终于，老公爆发了。他指责李佳神经质、狭隘，说刚刚结婚 3 年李佳就把自己变成了"事儿妈"，而且唠叨起来便没完没了……

忧虑能使女性快速变老，忧虑足以摧残一个人的容颜、气质、魅力和幸福感。如果细算起来，生活中能使一个女人产生忧虑的事情简直是数不胜数：男朋友对自己是否死心塌地；结婚用的房子是否署在自己名下；结婚后就得要孩子，可自己不会照顾孩子，孩子的抚养、教育问题都怎么处理；公司只有一个升职指标，但有两个候选人，一个是自己，另一个是谁，自己能打败他吗；自己想跳槽去一家外企，一切都已妥当，可万一试用期过后自己没有被录用怎么办；公婆年纪大了，迟早要来自己家里安度晚年，万一相处不来怎么办……诸如此类的问题不胜枚举，女性能否承担起如此繁杂沉重的责任呢？

生活在忧虑之中的女性可以说是度日如年，毫无快乐可言。她们终日里愁眉不展，瞻前顾后，唯恐哪个细节考虑不周，从而使自己或家庭的利益受到伤害。为此，她们不再朝气蓬勃，不再青春靓丽，不再开怀欢乐，早早地凋谢了美丽，被生活浪潮所淹没。难道这就是女性该拥有的生活？

是的，忧虑会使女性远离青春，远离美丽，甚至远离快乐和幸福。既然如此，那我们为什么不保持快乐的生活状态呢？

生活中的许多事情是不能凭借人的一己意愿就发生改变

的，即使你百般琢磨，千番算计，忧思不已，这些困难、坎坷和危机也不会避你而去。该来的还是要来，与其忧虑，不如改变自己去努力寻找解决问题的办法，让忧虑在我们智慧的光芒下得以消失。

远离不必要的忧虑，这样才能获得快乐，才能在生活中找到属于自己的幸福坐标。我们在生活中常常能见到这样的女子：她们风风火火，甚至可以说是没心没肺，仿佛都不知道"愁"字怎么写，每天都高高兴兴、无忧无虑。这样的女性往往是令人羡慕的，她们有着不一样的魅力。但令人不解的是，往往越是这样无忧无虑"不知愁"的人，越不会遇到什么坎坷和危机，似乎真的应了"傻人有傻福"这句话。如果现实真的是这样，那么做一个这样的可爱而又独具魅力的"傻人"又何妨呢？

事实就是这样，你所忧虑的事项，不会随着你的忧虑加重而逐步减轻。忧虑的事情是永远不会消失的，但过于频繁的忧虑是消极的、无用的，重要的是我们要寻找解决问题的办法。空忧虑只能说明你无能为力，白白浪费情绪和宝贵的时间。对于女性来说，青春和美丽是人生中最宝贵的财富之一，而提心吊胆耗费心思的空忧虑就等于浪费青春和美丽，就等于眼睁睁地看着快乐和幸福从自己身边溜走。

所以，从今天开始，做一个快乐的女人吧！面对还未到来的危机，你当然可以未雨绸缪，可以思考应对的办法，但是千万别因为它的到来而影响你的情绪，影响你的生活轨迹；面对突如其来的变故，你当然需要解决和承担，但是千万别因此消沉，因为乌云不可能永远遮蔽天空，而最美的彩虹一定是出现在风雨之后。你要时刻保持轻松、坦然、从容、快乐和微笑，不要停止对美好生活的追逐和对幸福的寻找。这样，你将永远保持青春、自信和美丽。

如果你正是这样的一个女人，就应该能感受到，你的魅力，足以令周围所有人倾慕。

♥ 学会从负面情绪中抽离

生而为人，或许最无奈的事情就是看不清人生的方向。人生的不同阶段，我们总会遇见不一样的苦难和"死胡同"，有着不一样的负能量。"死胡同"很玄妙，没有外人的指引或者发自内心的醒悟，有些人即使花一辈子的时间也未必能顺利走出去。而我们一旦打开心门，哪怕只是一道门缝，只要坚定不移地顺着光亮前进，人生就会豁然开朗。

负面情绪就像是田野上无人管理的野草，一旦扎根，便会"野火烧不尽，春风吹又生"。如果我们不能及时排除负面情绪，便会不断影响心情，破坏信心，甚至影响到我们的正常生活。仔细观察身边被负能量围绕的人，他们总是眉头紧锁，冷若冰霜，仿佛全世界的人都对他们有所亏欠；又或是郁郁寡欢，对任何事情都提不起精神，严重影响做事的工作效率。长此以往，这样的状态对人对己都会产生极大的不利影响。这些不会将自我及时从负面情绪中抽离出来的人必定也是可怜又可悲的。

有人说，负面情绪就像是涟漪，会迅速扩散并一层层传递给其他相关或并不相关的人。负面情绪的传递性与扩散性的确犹如涟漪，但是造成的后果不会像涟漪般最终消失于无形。人生在世，我们处在一个由各种人组成的关系社会，各种关系错综复杂，很多时候，即便你只是很短暂的情绪爆发，也有可能在别人心目中留下不可磨灭的坏印象。

范范刚刚毕业，就以实习生的身份进入了一家上市公司行政部门当内务助理。实习开始之后，她被指派的第一件事情就是清点公司 D 楼里所有员工的电脑设备。范范在接到工作安排之后，丝毫不敢马虎大意，拿着一沓清点表、一支笔，马上就开始上下奔走。她万分辛劳地奔走于每个工作间，认真核对每台电脑，登记所有电脑设备的出厂序号。

在这期间，她来到了公司互联网设计部门核查登记。不料，她刚进办公室表明来意，就听到了一连串的质问声："谁叫你来这里的，你想做什么？"

"我是行政部刚刚过来的实习生，我们经理安排我来这里清点一下大家的电脑。"她惊慌地回答道。看得出来，朝她吼叫的是这个部门的经理。

"我们部门的电脑不需要你们的任何清点！"对方继续厉声说道，"你们行政部每年都会进行清点，每年都是清点得乱七八糟，不但一点用都没有，还总是打扰我们的工作，影响我们的工作效率。你快出去，以后不准过来打扰我们。"虽然不是自己的直属领导，但是面对经理级别人物毫不客气的指责，范范一时呆住了，愣愣地站在原地，不知该如何是好。过了好一会儿，范范点点头，尴尬地离开了。

出来的路上，范范一直在脑海里回想刚刚发生的事情。这位经理的话泄露出了很多信息。很明显，这是部门与部门之间的历史矛盾，而她只是很不幸地被当作了"炮灰"而已。她其实并没有做错任何事情，反而是这位经理，在这件事情的处理上，显得极其没有风度。竟然对一个刚刚来到公司的实习生发泄自己的怒火。

第三年，范范由于表现出众，升任为公司行政部门的副经理一职。在范范参加的第一个公司领导层月度会议上，她再次遇见了那位经理。会议上，那位经理一反之前指责范范时凶恶的态度，对同级别的领导都是一副慈眉善目般的笑容，直到见到范范，堆满笑容的脸竟然僵了一下，接着连耳根子都开始红了起来。

显而易见，这位经理意识到自己当初对范范不该有如此恶劣的态度。短暂的情绪爆发或许在所难免，在人生路上，我们都只是平凡世界中的普通人，即便再有能力，也很难让自己保持没有任何波动的情绪。身处关系社会，我们应该学会尽量克制自己的情绪，毕竟能力越强，所处位置越高，情绪管理越是应该到位。

我们的一生就如同行走在迷雾中，很多时候都是当局者迷，旁观者清。或许我们认为自己是个非常值得别人信赖的人，但是别人会通过我们的负面情绪看到他们眼中的我们。我们并不主张我们不应该有任何的负面情绪，但是身为成年人，身为社会中人，我们应当学会从负面情绪中及时抽离出来的能力。毕竟，因为一两次的负面情绪，就在别人心目中留下不良印象，这实在是非常不值当的事情。我们可能会有很多情绪上涌、难以下咽的时候。但是，不仅冲动是魔鬼，沉迷于负面情绪无法自拔更是人生升级版的恶魔。当被恶魔缠身的时候，我们需要学会尽可能快地转身，及时脱离，而不是任由其发展，让恶魔侵占我们的人生。

♥ 如何克服失败焦虑症

生活中，很多人每时每刻都处于焦虑之中，并非他们面对很多危机，而是他们缺乏安全感，会为那些未必发生的事情担忧，也就是人们常说的杞人忧天。毋庸置疑，未雨绸缪是好，可以在事情发生之前有更多时间进行充分的思考，从而想出对策，不至于事到临头手忙脚乱。然而，当我们过度思虑、杞人忧天，就超出了思考的范围，无形中给我们增加了很多心理负担。

有心理学家专门进行了一项实验，让人们把自己担忧的事情写在一张纸上，然后去正常地生活，等到一段时间之后，再让那些人回过头来看自己曾经写下的担忧，大多数人发现自己担忧的事情根本没有发生，甚至没有给自己的生活造成任何困扰。这个研究证明了一个事实，我们的担忧十有八九都不会发生，大多数情况下是杞人忧天。

看微博时，我收到了一个寻求心理帮助的小妹妹的私信。她说，自己最近生活颓废，想寻求改变但总是失败，想下定决心却又怕自己坚持不下来，坚持一段时间又怕没有成效。

我问她从什么时候开始出现这种情绪的，她说是从去年考研失败后才有的。

"自从去年3月拿到考研成绩，知道自己无缘进入复试以后，我就一直郁郁寡欢。现在，工作也懒得找，每天在家里睡到中午才起床，一待就是一整天，哪儿也不想去，谁也不想见。眼看着来年的考研之战又将打响，我知道自己现在迫切地需要改变心态，改变生活习惯，不能再懒惰下去，不能再因为考研失败这件事否定自己。可是不知道为什么，这3个月来，我每天的生活就像恶性循环一样，早上不起晚上不睡，拿起手机就查询关于心理学考研的资料，刚查了一半就又放弃。这种状态不要说考研，就连生活中的小事都做不好，再这样下去，父母免不了对我失望伤心，男朋友估计也受不了我这么丧气的样子。他去年和我一块儿考研，他考上了，我落榜了。现在他鼓励我继续考研，可是我很害怕。如果能考上还好，如果辛辛苦苦了大半年再次失败，估计我就彻底站不起来了，我真讨厌现在的自己。"

一件事还没开始做就担心自己这不行那不行，这个小妹妹无疑患上了"失败焦虑症"，或者也可以称作"失败恐惧症"。所谓"失败焦虑症"，是指个体在活动中未达到预期结果而遭受挫折后，对自己今后处境产生的一种不安、惊慌、逃避的消极情绪状态。强烈的失败恐惧可导致神经功能紊乱和内分泌功能失调。

心理学家认为，个体出现严重的失败焦虑和恐惧大多来源于早期不良的家庭教育。有严重"失败恐惧症"的人在幼年时候经常会遇到这样的情况：在学业上获得了较好的成绩，但是父母反应平淡；某次考试失败，父母又会大动肝火，严厉惩罚自己。在这种家庭中成长的孩子，内心总会出现一种不被接受或者不被认同的恐惧感。

不科学的心理归因也是一些人对失败产生焦虑、恐惧心理的重要原因。在这些人的脑海中，存在着一个"简单化一"的信条："如果我在这件事上失败了，那么我在所有事情上都会失败。"换句话说，只要出现了一点儿失败，他们就会全盘否定自己之前的所有努力，甚至否定自我。

虽然，有"失败焦虑症"的人一般都会有意识地规避风险，努力争取好的结果，做事也更为细致，以求完美，但他们也会陷入焦虑、拖延、懒散、缺乏动力，甚至丧失行动力的境遇之中。比如，一些"失败焦虑症"患者内心非常想要获得成功，同时又非常惧怕失败，以致最后他们干脆选择了放弃。

患上"失败焦虑症"就像得了重感冒，一开始会很难受，但只要我们积极调整，通常都会好起来的。

1.端正你的心态

治愈"失败焦虑症"，最关键的一步是要正确认识失败。正如雨果所说："尽可能少犯错误，这是人的准则；不犯错误，那是天使的梦想。尘世上的一切都是免不了错误的。"在成长的道路上，每个人都会面临失败，这不可避免。

失败也不是什么大不了的事。美国前总统林肯曾说过："此路艰辛而泥泞。我一只脚打滑了，另一只脚也因此站不稳，但缓口气，告诉自己，这只不过是滑了一跤，并不是死去而爬不起来。"

失败让人成长，有位哲人曾说："错误同真理的关系，就像睡梦同清醒的关系一样。一个人从错误中醒来，就会以新的力量走向真理。"我们要做的便是在犯错后改正，在改错中成长。

2. 未雨绸缪，有备无患

在做事之前，一些人总是先幻想着自己的失败场景，这可能与先前经常性失败的心理创伤有关。想要逆转局面，最好的办法就是在做事之前先全面审视自己的准备工作。比如，尽可能把目标细化，为各个阶段的目标设定时间限制，预测过程中可能出现的问题，并为将要发生的一系列问题做出解决方案，然后扎实地付诸行动。

3. 释放你的压力

为什么才华横溢的歌手在排练时表现得完美无缺，正式登台时却失误连连？压力愈大时，人愈有可能过度在意自己的行动，结果很有可能使自己走向失败。对此，缓解的办法可以是平时多参加有益的户外活动，如跑步、健身、游泳等，这些都可以很好地释放心理压力，也可以尝试深呼吸，让自己在短时间内尽快放松下来。

很多人惧怕失败，还有可能是因为内心的恐惧情绪长久得不到释放。大胆地把失败经验告诉身边的亲人、朋友，你会在第一时间获得他们给予的情感支持，同时他们也会帮助你分析失败的原因，进而让你更快地从失败中吸取一些经验教训，帮助你继续往前走。你也可以把自己的失败经历写进日记或博客，能够帮你有效宣泄负面情绪。

4. 自我解嘲

自嘲是疗愈"失败焦虑症"的有效方法。从失败中找出问题，并以笑谈的方式直面这些问题。比如，在面对失败时，不妨对自己说："傻瓜，你掉坑里了，怎么能出现这种低级错误呢？你还是太年轻了。"

如果你还是害怕自己会失败的话，不妨和周围朋友一起做一件事，让他们来监督你进行下去。慢慢地，这种外来监督就会转化成自我监督，每当你准备逃跑时，自觉性就会跳出来告诉你：不要放弃。

在此送给读者一句话："勇于接受各种挑战，不放弃任何尝试的机会。只要你能够大胆地去做，你就已经成功了一半。即使最后还是失败了，那这也会是一次历练，会变成一次珍贵的经验。"

♥ 焦虑是一种正常的情绪

现代社会，生活水平快速提高，很多家庭都有了私家车，这也直接导致了大城市里的交通路况越来越差，交通拥堵已经成为常态。在这种情况下，人们因为着急和焦虑，必然导致心浮气躁，也使"路怒症患者"越来越多，交通事故频发。当然，在拥堵的情况下，交通事故大多是小的剐蹭，即使事故没有给人带来生命危险，也会导致交通状况变差，还会使当事人的心情更加糟糕。每个人在考取驾照的时候，都会听到教练再三强调一句话："宁停三分，不抢一秒。"在很多车流量大的十字路口，我们也经常看到这句话，意思就是告诫每一个司机要珍惜生命，千万不要为了赶时间，无视交通规则。

生命看似很顽强，但有的时候正应了那句话："生如蝼蚁。"人们常常因为一秒钟的冒失抢进，导致自己或他人的生命戛然而止，一切都追悔莫及。其实，不仅在道路上要遵守交通规则，在对待情绪的时候，我们也要讲究冷静和理智。在现实生活中，很多朋友都是冲动型的，他们无法静下心来处理大多数事情，因而在面对小小的意外和变故时，他们第一时间就会冲动起来，变得歇斯底里。不得不说，冲动是魔鬼，原本可控的事情在冲动情绪之下，事态会被无限扩大，甚至一发不可收拾。所以，每个人在感到莫名其妙焦虑的情况下，都要有意识地控制自己的情绪，千万不要因为一时的冲动，做出追悔莫及的事情。焦虑如同脱缰的野马，我们唯一的原则就是控制和疏导，不要任由这匹野马肆无忌惮地狂奔。

有些朋友一旦感到焦虑，就会心浮气躁、心烦意乱。任何烦躁对于焦虑情绪都绝无好处，唯有从心底里接纳焦虑，让焦虑成为正常的情绪，使情绪得到理智的对待，我们才能变得更从容，不至于手忙脚乱。每当焦虑过度时，我们的生活就会受到影响，因而当焦虑情绪来临时，我们一定要镇定下来，让烦躁不安的心变得平静，保持理智。

最近，周陶失业了，一下子失去了经济来源，而恰逢此时，她又被检查出患有卵巢囊肿，必须立即接受手术。这个消息让周陶措手不及，毕竟手术需要很多钱，而她家经济并不宽裕。思来想去，她只好给远在家乡的父母打电话，却没想到母亲前几天刚刚摔断了腿，正打着石膏躺在床上，因为害怕她担心家里人才没有告诉她。这个坏消息就像最后一根稻草一样，一下子压垮了周陶，她忍不住号啕大哭起来。幸好，周陶的老公张明还是比较冷静的，他赶紧安慰周陶说："卵巢囊肿基本上都是良性的，你这只是要受皮肉之苦，没有性命之忧，已经是不幸中的万幸。正好我对自己的工作也不太满意，早就想换工作了，咱们也还有些积蓄，不如我也辞职，这样可以有一个月的时间照顾你，等到你身体恢复了，我再去找工作也不迟。咱们的积蓄除了手术费，应该还是可以支撑半年生活的，所以你也不用担心。"看着张明坚定不移的眼神，周陶渐渐恢复平静。

张明继续说："一切事情都有解决的办法，只要你和我好好地在一起，什么困难咱们也不怕。不过要记住了，医生说你的卵巢囊肿就是心情郁结导致的，所以你要调整好心情，再也不要这样崩溃了。凡事都有我呢，你只要好好的就好。"

其实，从中医的角度而言，女性的大多数妇科疾病都与情绪变化密不可分，这也是现代社会很多女性都有妇科疾病的原因之一。现代女性不但要工作，还要兼顾家庭，承受着巨大的压力。所以，女性朋友要想拥有健康的身体，一定不要动辄冲动，而要保持情绪舒缓，这样才有益于身体健康。

每个人都难免有被焦虑困扰的时候。现代社会发展越来越快，很多人承受的压力也越来越大，所以我们唯有端正态度面对人生，才不会被负面情绪打倒。如今，很多人身患癌症，但是有些人的癌症不治而愈；还有些人能与癌细胞共存，度过圆满的人生。这些人都是乐观开朗的人，他们都能承受生命中的坎坷和挫折，而不被命运和焦虑打倒。记得有人说过这样的说："既然哭着也是一天，笑着也是一天，为何不笑着度过人生的每一天呢？"这句话非常有道理。人生短暂，作为自己人生的主宰者，我们不能被情绪控制和奴役，而是要成为情绪的主人，驱散焦虑与不安，从而全心全意地享受生活，度过美好的一生。

第 ④ 章

微笑面对艰难，

钝感力就是从不轻言放弃

♥ 笑着面对艰难，坚信明天会更好

有句话说："微笑着度过一天是一天，哭泣着度过一天也是一天，那我们为什么不微笑着度过呢？"没错，在现实生活中，不管我们面对什么样糟糕或者美好的事情，我们都会发现，生活总是按部就班地往前迈进，丝毫不会停下脚步去等我们。而想要赶上生活的列车，我们只有学着钝感一些，努力去调节好自己的心情，才能为自己而活。

有一次，我坐高铁去一个城市出差。车刚开动不久，我就看到一个乘客多次把脚放在对面的座位上，很多乘客也看到了，但都不好说什么。这时，一名乘务员上前去劝这个乘客放下脚，这个乘客不仅不听，还对乘务员出言不逊。但乘务员没有与他争执，始终面带微笑地一次又一次劝说。最后，事情终于在乘务员的微笑中化解了。

在即将到达终点站时，我看到这个乘客找到这名乘务员，我以为这个乘客要继续和乘务员胡搅蛮缠，没想到这个乘客略带惭愧地说："对不起呀，我感到非常抱歉，刚才我心情不好，但是你的微笑打动了我，你的服务态度影响了我。"

乘务员报以真诚的微笑说:"没关系,谢谢您支持我的工作。"

　　还有一次,我在坐火车时看到一个孩子在车上嗑瓜子,把瓜子皮吐在车厢的地板上。一名乘务员微笑着上前劝告,孩子没有反应,但孩子妈妈生气了,还故意唆使孩子继续吐瓜子皮。我看了都很生气,但这名乘务员却始终微笑着,边劝阻边扫瓜子皮。

　　这个妈妈看到乘务员这样的态度,非常不好意思,马上让孩子停止了乱吐瓜子皮的行为。

　　微笑是上帝赐给人类最美好的礼物,是一种令人愉悦的表情。面对一个满脸笑容的人,你会感受到他的自信、友好和乐观。同时,他这种积极的情绪也会感染你,使你生出自信、友好和乐观,很快地和身边的人亲近起来。

　　微笑是一种内涵丰富的表情。微笑可以传递正面能量,可以消除人们之间的陌生和矛盾。当然,你的笑容必须是真诚的,发自内心的。

　　微笑是最好的交流方式。微笑是真诚、友好、善意的标志。微笑可以化解矛盾和冲突,可以调节人与人之间的关系,使人际关系变得简单、明了,微笑甚至可以营造和谐、融洽的氛围。

　　在交际中,一定不要吝啬你的笑容,你的笑容会产生许多意想不到的效果。

　　微笑能让你在人际交往中获得好人缘、好关系、好人脉。养成微笑的好习惯，会让你在交际中取得自己满意的结果。在人与人的相处中，微笑可以使你的面容更美丽、更精致。你的笑容就是你最具代表性的名片，它能把你的真诚、善意、友好传达给所有与你交往的人。

微笑不仅是为了别人，也是为了自己。面对生活，我们应该绽放灿烂的笑容。

当你在交际中遇到困难时，你可以思考一下，是不是因为你对人太吝啬了，没有笑脸相迎？如果是这样，那你就给自己印一张特殊的名片吧。这张名片应该印上这样一行字："世界因你的微笑而微笑。"

很多人都不善于微笑，事实上，微笑也可以成为一种习惯。

我的表弟小林有一个缺点，就是总爱绷着一张脸，不苟言笑，对待家人、朋友一向都是一脸严肃冷峻的表情。

小林毕业后换过很多工作，也做过生意，但都失败了，主要原因就是他那一张严峻的脸，给人一种生人勿近的感觉。

我和他谈过很多次，他却认为这样的表情很酷，我告诉他，人不能只活在一个自以为是的世界里，外面世界需要的是交流与微笑。我让他换位思考下，如果他看到一个人总是冷着一张脸对着他时，他的心情会如何？

为了让小林有真切的感受，我专门抽出一天时间，带他吃饭逛街。此行目的并非带他散心，而是让他认真观察和感受：当面对一个拒人千里之外的人时，他的心情如何；当遇见热情微笑的人时，他的心情又是如何。他感受完后，认识到自己以前的想法是何其幼稚，便开始尝试微笑待人、微笑做事。

一开始，小林很难改变自己严肃的表情，总是强迫自己微笑。他每天练习，面对着镜子笑，面对着家人笑，面对着朋友笑。时间久了，笑肌就练出来了。逐渐地，微笑成了他生活中必不可少的一部分。

半年后，小林又成功应聘到一家报社工作。他还给自己设计并印制了特别的名片，正面是姓名、联系方式、工作单位，反面是一句话：世界因你的微笑而微笑！

他每次递出名片时，总会真诚而友善地笑脸以对。

现在，小林时常笑容满面、热情真诚，给许多人留下了良好的印象。短短一年的时间，小林把报社的业务搞得红红火火，报刊的发行量剧增，他自己也得到了总编的赏识。

生活其实就是一面镜子，而我们脸上的笑容是面对生活最好的样子。尽管现实中的我们可能从事着不同工作，但是微笑可以成为我们共同的名片。当生活因为苦难而变得灰暗的时候，微笑就是我们生活中的一抹阳光，它就像是一把神奇的钥匙，可以打开我们的心灵之门。当我们选择与微笑相伴的时候，其实我们就选择了拥抱感恩。而当我们决定了拥抱感恩后，我们会发现，生活其实从来没有亏欠过我们任何东西，它总是在这里或那里给了我们每一个人都梦寐以求的幸福。或许，我们的生活的确存在着一些不容易，但是换个角度思考，至少它给了我们生存的空间，给了我们生命的权利。这世上从没有一帆风顺的人生，因为生活总是很公平。因此，遇事就选择微笑吧，选择每天保持良好情绪，让自己掌握对生活的主动权。

人生在世，想要保持生命的活力就需要我们充满激情。激情会让我们感受到世界的美好，也会让别人感受到你势不可当的热情。只有从内心散发出对生活的激情，我们才不会轻易向生活妥协并屈服。而当我们拥有内心不轻易屈服的能力时，我们整个人焕发出的迷人气质就会大大提升，这也会在无形之中帮我们改变很多东西。也许生活不会永远对我们展示它的微笑，但是我们自己要学会对生活报以微笑。微笑着面对生活中的困境与艰难，保持淡然与笃定，不让外界的变故影响自己的好心情，挥一挥手，潇洒地向昨天告别，坚信等待着我们的会是美好明天。

♥ 主动吃些小亏，小利面前学会淡然

不管是在生活中，还是在工作中，基本上每天都能听到"×××真丢人，就爱贪小便宜，今儿他……""这家伙今儿在

背后算计我，等哪天得找机会……"。

类似的话每天不绝于耳。我一边感慨现在人们身上的戾气为何如此重，一边思考为何人们都希望从别人身上得到什么，而一旦别人从自己身上得到什么的时候，整个人就变得愤愤不平。我们的老辈不是常教导我们"吃亏是福"嘛！在一些小的利益面前，我们不妨学着钝感一些，让别人占些便宜，又能如何？

吃亏是福。"主动吃亏"不仅是福，还是一种怡然的态度、一种自然的品行、一种高尚的风范，更是一种淡然、乐观、超凡的格局。而被动吃亏则是一种被迫接受的后果，一种不得已而为之的做法。同样是吃亏，这之间却有着很大的区别。"主动吃亏"是一种比较巧妙和有谋略的处事方式。主动吃些小亏，可以帮你交到好朋友，帮你得到更大的利益。想请朋友帮你办事，自己首先要吃点儿亏，这样朋友会觉得欠你一个人情，会更尽心尽力地为你办事。

李渊上完初中就开始做生意，他开了一家粮油店。他虽然没有多少文化，但善于经营，也很会做人，通晓人情世故，懂得"惠出实及"，常会施一些小恩惠给身边的人。

那一年，小张的父母相继去世了。他想靠自己的努力考上重点大学，然后再考公务员，在仕途上有所发展。但是，他没有有钱的亲戚或朋友，虽然考上了大学，却筹不出学费支撑他去上学。这时，李渊无意中知道了这件事，他向小张伸出了援手。

李渊宁愿自己受点累、吃点亏，也要用自己辛苦赚来的钱供小张上大学。

小张大学四年的学费、生活费都是李渊资助的。勤奋的小张没有令李渊失望，毕业后通过自己的努力考上了公务员，而李渊仍然做着他的生意。虽然李渊经常受到别人的嘲笑，但他并没有放在心上。

几年后，小张被调到家乡的县城当县长。小张拜访李渊，问李渊有何要求，李渊却委婉地拒绝了。

小张是个知恩图报的人，在不违反规定的情况下，他让政府食堂和学校食堂的采购部门与李渊的粮油店签订采购协议。小张相信李渊的人品，也相信采购粮油的质量。最终在小张的帮助下，李渊生意越来越好，越做越大，哥俩的关系也更加亲近。

在你"主动吃亏"时，你就成了施与者，而对方就成了得到你恩惠的接受者。从表面上看，是你吃了亏，对方得了利益，然而，对方却欠了你一个人情，情感的天平已经向你倾斜，你与对方就有了更深的情意。

当然，"亏"也不能乱吃，要讲究方式方法。有的人为了相安无事去吃亏、吃暗亏，最后给自己带来很严重的后果。这个亏，你要吃在明处，要让对方清楚地看到自己为对方的付出。只有这样，对方才能铭记你对他的好。

只要留心观察我们的生活，就会发现"主动吃亏"是一个非常有智慧的处世原则。在现实中，那些好贪小便宜的人，最后往往会在大事上吃亏。

"主动吃亏"可以为你赢得一份深厚的友谊，可以为你寻得一个重要的商机。"主动吃亏"虽然会失去一些眼前微不足道的东西，却会得到对方的尊重，也会赢得好的声誉和长远的利益。

能够主动"吃亏"的人最终并不一定吃亏，而不愿意"主动吃亏"的人结果却会吃大亏。在人际交往中，多一点"主动吃亏"，有助于你赢得对方的信任和情意，对方可能会因此接纳你、信任你、支持你。在以后的交往中，你甚至会得到对方更大的回报和付出。

在做事情的时候，要主动地去承担责任，不去计较眼前的小利益。虽然你吃了些小亏，但你拥有了良好的声誉和口碑。当对方明白之后，自然会帮助你，为你付出。

宋瑞刚开始工作时是公司采购部的职员。当时，他所在部门的经理被提升到总公司任职，但因为走得比较仓促，有几笔账目还没有处理清楚，新来的经理把责任全部推到了宋瑞身上，非常严厉地批评了他，并决定扣除他全年的奖金。

其实，事情的责任并不在宋瑞。事情是公司的副总委托原来的部门经理办的，当时宋瑞并不知情。宋瑞觉得前经理对自己不错，为他承担点责任也是应该的，所以他没有为自己辩解和争论，而是很平和地接受了新经理的批评和惩罚。

后来，新经理知道了事情的原委，才知道错怪了宋瑞。他一方面觉得对不住宋瑞，另一方面又对他非常赞赏。

新经理认为宋瑞是一个豁达而且能忍耐的人，只要稍加培养，将来定会有所成就。后来，新经理向总公司推荐宋瑞，最终宋瑞成了部门的副经理。

在工作中，你主动吃些小亏，承担一些失误或者一些责任。这样一来，你向领导与同事展现了你的豁达和忍耐，也赢得了好的评价，可能还会因此受到领导的赏识和器重，你的晋升道路上也会增加一道无形的助推力。

当你在与对方进行合作时，你主动吃一点儿亏，自己少得一点儿，多让一些利给对方，那么对方就愿意与你保持长期合作的关系。这样到最后，你不仅没有吃亏，还会因为你前期的主动吃亏而得到更大利益。

当你的生意做得不好时，还能够做到主动地让对方多得、自己少得，这就更显示出你的气度。正是你的这种"主动吃亏"的行为，会让对方对你有好感，并愿意与你继续合作，这样你的生意就会越做越大。

在对方有难的时候，用物质帮助对方，再用真情实意去安慰对方。眼下你是在经济、时间、物质等方面有所损失，但是，等到对方恢复以往的实力，必然会记得你的帮助，对你表示百倍感谢，这都是因你"主动吃亏"得来的。

在与人交往时，你主动地吃一些小亏，这是很有必要的。比如，和朋友一起吃饭时主动付钱；在工作上，碰到什么大家不愿意做的事情时，你主动请缨；在大家不愿意加班的时候，你主动承担紧迫的工作任务。

主动吃些小亏，看似是不起眼的事情，久而久之你就会收获大的回报。因为你的那些小小的付出，别人是看得到的。

很多时候，"主动吃亏"是一种福，也是一种大智慧。不管你是做什么的，你"主动吃亏"，身边的人接受了你的"礼让"后，不仅会全心全意地与你合作，保持良好的人际关系，还会因此对你感激，寻找机会回报你。

♥ 快乐离我们很近，近得就在我们的书桌旁

我们学习钝感力、了解钝感力，就是希望能够让自己的内心不那么敏感，能够让自己变得更快乐。人生在世，总是会有人说：那些穿着体面、看似有钱有权什么都不缺的人仿佛整天都有数不清的烦心事，他们总是一副忧心忡忡的样子；反倒是那些穿着随意、

看似普通平凡的人却整天都是乐呵呵的。这样的对比与我们平常的认知虽然相违背，但是这种情况不算少见。我们总是会听到有人说，"等我们买房子了就好了""等我们装修完就好了""等我们买车了就好了"。似乎，快乐跟这些物质财富是画等号的，只有拥有了足够多的物质财富和权势地位，我们才能让自己快乐起来。其实，让自己快乐起来，远远比我们想象中的要简单得多。

人这一生中，什么时候最快乐？答案应该是刚刚出生，尚作为婴儿的那一段时期吧。因为那时的我们需求不多，总是很容易就得到满足。我们渴望的或许只是妈妈的一个拥抱，或许只是一个小小的玩具，或许只是一杯美味的鲜奶。而随着年纪的增长，能力的变强，我们的需求也在不断地变多，我们获得快乐的成本也越来越高。很多著名的喜剧家都有这样的感受：做喜剧越来越难，想让人发自内心地笑出来真的好难。其实，我以为，快乐离我们很近，关键看你怎么认知。

快乐离我们真的很近，近得就在我们简陋的阳台上，只要能够看到每天的太阳，我们就会变得很快乐；快乐离我们真的很近，近得就在我们的书桌旁，只要每天都能够有时间读到喜欢的书籍，获得内心的平静，我们就会变得很快乐；快乐离我们真的很近，近得就在我们的餐桌上，只要一家人能够团聚在一起，分享美食与生活中的有趣见闻，我们就会变得很快乐。所以，你发现了吗？其实只要我们的内心充满了热爱，充满了对生活的热情，充满了对人生的希望，快乐就会从我们的心底源源不断地跑出来。这一切与物质财富无关，也与权势地位无关，只跟我们的心态和情绪有关。

　　有一对五六岁的双胞胎小朋友，他们喜欢每天在一起做游戏。有一天，他们突发奇想，认为屋外的阳光十分灿烂，自己家的卧室里却十分昏暗，于是，他们决定要把外面的阳光扫进卧室里，让卧室也跟外面一样充满阳光。

　　说罢，两个小朋友就立刻行动了。他们拿着簸箕和扫帚来到屋外，小心翼翼地将阳光全部扫了进去，为了不让阳光跑掉，两个小朋友还特地找了一个黑布袋将簸箕装进去。两个小朋友小心翼翼地护着簸箕往前走，然而让人感到奇怪的是，到了屋子里之后，黑布袋里的阳光就没有了。他们想，是不是黑布袋太黑了，将阳光吓跑了呢？于是，这一次他们准备了一个白布袋。然而，不管是什么颜色的袋子，每每进了屋子里，簸箕里的阳光总是魔法般地立刻消失了。于是，他们就这样一而再，再而三地不断尝试。然而，令人沮丧的是，尽管扫了很多次，屋子里面还是一点儿阳光都没有。

　　正在兄弟俩苦思冥想却又不得其解的时候，妈妈出现了。妈妈询问他们不开心的原因，兄弟俩赶紧把发生的事情告诉妈妈并询问妈妈，是不是阳光不喜欢自家的屋子，否则为什么不愿意到自家的屋子里来做客呢？妈妈听后哈哈大笑，说道："我有办法让阳光到咱们家来做客。"说罢，妈妈走到窗户边将窗户打开，果然，灿烂的阳光顿时将屋子照得明亮起来，兄弟俩开心地称赞妈妈真有办法。

我们很多时候就跟故事中的小朋友一样，以为快乐需要我们花费很多力气去寻找，才能将快乐"扫进来"。但其实，只要我们打开心灵的窗户，积极热情地去拥抱生活，就能享受快乐。快乐的阳光可以照亮我们心灵的每一个角落，让昏暗与不幸无处遁形。

随着我们年龄的增长，阅历的增加，我们能够得到的东西会越来越多。同时，我们身上的担子会越来越重，面临的压力、遇到的困难也会越来越多。但是，尽管如此，生活仍会继续，生活从不会因为我们今天心情不好，就选择放过我们，将我们的生活调成简单模式。生活本身就是客观的存在，我们无法改变。当客观存在没法被改变的时候，我们能做的就只有改变自己，改变我们遇到困难时的心态。只要转变一下我们的思想，我们就会发现，生活从来都不是枯燥无味的。我们行走的道路两边到处都长满了小草和鲜花，只要我们愿意用快乐来充实我们的内心，小草与鲜花就会与我们同行。

♥ 用幽默的心态，对待生活中的那些不如意

生活中经常会有不顺心的事情发生，当面对这些让人失望的事情时，大多数人或闷闷不乐，或满腹牢骚，或怒发冲冠，或借酒消愁。但如果我们一直以这样消极的状态对待一切事物，那自己的生活又怎么能充满乐趣呢？因此，我们要学会以幽默的心态对待生活中的不如意。幽默是烦恼最大的克星，它能改变我们消沉的情绪，帮助我们重获自信、激情和兴致，使我们恢复最初的精神面貌，让我们始终心情舒畅。

在美国的篮球教练中，有一位传奇人物，名叫佩迈尔。他曾带领迪鲍尔大学篮球队连续获得39次冠军，可在向第40次冠军发起冲击时，他们的篮球队遇到了空前的惨败。记者当然不会放过这个绝佳的机会，纷纷采访这位教练此时的感受。

佩迈尔微笑着说："我现在感觉非常棒。我们再也不用背负'蝉联'这个包袱，可以轻装上阵，去冲击下一个冠军了。"

比赛失利本应是件令人极其沮丧的事情，但在乐观积极的人看来，失败不过是迈向成功的一级台阶。佩迈尔教练的话既幽默

又蕴含着智慧，他说得没错，"蝉联冠军"这个压力让队员们不再感受到打球的快乐，而这次失败却可以让大家放下压力和包袱，轻装上阵，从零开始。他的幽默不仅能够减轻队员的压力，而且使队员重新拥有了继续往前冲的动力。

我们可以轻松豁达地去面对一时的比赛失利，但如果是影响一生的身体残疾，那就需要莫大的勇气才能承担了。

有一次，爱迪生在乘坐火车时，被人狠狠地打了一记耳光。就是这一记耳光，让爱迪生逐渐失去了听觉。但他并不以为意，面对很多人的惋惜，他幽默地说道："我觉得听不到很好啊，它让我能更专心地工作，而不是把大把时间花在与外界的无聊谈话上。"

伤残疼痛在普通人眼中是那样沉重不堪，可对有识之士来说，生活仍旧值得乐观面对，幽默豁达不仅让他们拥有蔑视苦难的勇气，还让他们具备收获欢乐的能力。

烦恼对人有着很大的危害。若是烦恼过多，那么人的生理和精神状态都会变得不稳定。因此，当烦恼产生后，一定要想方设法将其排解掉。而在排解烦恼的众多方法中，幽默是最有效果的。

俄国著名作家赫尔岑有一次应邀参加一场晚宴，觉得宴会上音乐的风格非常轻佻，让他心生烦躁，可要是刚来没一会儿就离开，也过于不礼貌，苦恼之下，他干脆用手捂住了耳朵。

宴会主人看到此景，赶忙问道："您怎么了？"

赫尔岑说道："这音乐太让人头痛了。"

主人问："对不起，您不喜欢这样的流行音乐吗？大家都觉得这是很高尚的音乐。"

赫尔岑反问道："流行的乐曲就都是高尚的吗？"

主人说："不高尚怎么会流行呢？"

赫尔岑笑了笑说道："那流行性感冒应该也属于高尚类型的了。"

音乐虽然令赫尔岑烦躁，但他没有直接表示抗拒，因为这样会让主人尴尬。聪敏的赫尔岑选择了用幽默的方式，把流行音乐和流行性感冒作对比，既说出了自己的烦恼，也不会让主人难堪。

在生活当中，谁都会有人际交往活动，避免不了要参加宴会或应酬，有时我们会觉得很烦，但苦于找不到拒绝的理由，这时就会痛苦不堪。

英国诗人罗伯特·勃朗宁非常喜欢写诗，只要沉浸到创作中，他就什么都顾不得了，而且从不知疲倦和厌烦。他这个人有个特点，就是非常憎恶一切无聊的应酬和闲扯。

有一次，他去参加一个聚会，聚会上有一位先生大概对诗也很有研究，因此向勃朗宁提了很多关于他的作品的意见。

勃朗宁觉得这些意见都是无稽之谈，不知道这位先生什么时候才会停止这个话题。他实在不耐烦，因此对这位先生说道："请您原谅，先生。我很抱歉占用了您这么长的时间。"

那位先生先是一愣，但很快就明白了勃朗宁的意思，于是笑着向勃朗宁告辞了。

勃朗宁用幽默的方式终止了这位先生的话题。我们想一想，假如勃朗宁直接拒绝回答，会是什么样的结果？不仅这位先生会觉得没有面子，参加聚会的其他人也会觉得勃朗宁是个难以相处的人。勃朗宁幽默拒绝的方式不仅成功地抵挡了烦恼，而且使自己全身而退，这样的做法无法不令人称赞。

平日里，有些人经常会吃人情亏，为了面子，本着不伤和气的原则，不少人都会选择"哑巴吃黄连"，有苦也不说。这时，若你能巧妙运用幽默化解矛盾，烦恼也将会随之消失。

♥ 对打击需要钝感，对生活中的美需要敏感

人能知道自己不需要什么，既是一种智慧，也是一种幸福。我们的生活中究竟需要些什么？不过衣食住行加上自己的情感与爱好。反过来说，如果一个人不懂得节制自己的物质欲望，那这

就会变成买电视的故事，黑白换彩电，23英寸换32英寸，再换家庭影院，无限制升级下去，但其实他看得最舒服的，也许不是最贵的，也不是最大的。等到最后他烦了，随便选了一个放在客厅里，看上去也不比其他的差。

仔细想想，我们不需要的东西，可能比需要的东西要多。就拿爱情做个例子，我们是需要很多优秀的异性对自己痴迷，为自己付出，还是希望能与自己的心上人在一起，两个人幸福地生活在一起？答案显而易见，很少有人愿意留恋不喜欢的东西，而喜欢的东西，从来都只是弱水三千中的一瓢，只要这一瓢喝到口中，其他的不过是过眼云烟，有或没有都不重要。

人总喜欢说，女人的衣柜里永远少一件衣服。

我妹妹就是这样一个喜欢买衣服的女人，尽管她家的两个大衣橱都已经被挂得满满的，但她还是每天都烦恼同一个问题：今天又没衣服穿。其实她的很多衣服都只穿过一次，有的甚至没穿过。她每个月定期的活动就是为自己选购新衣服，每次都满载而归，可每次又都不满意。

有一天，上司通知她去一个山区办事，爱美的她原本准备多拿几件衣服，没想到通知下得太快，时间太紧，她根本没有时间挑选，只从衣橱里随便抓了两件就匆忙走了。

一个月后，她从山区回来，我打趣她说："这个月是不是过得很憋屈？都没有各种款式的漂亮衣服任你挑选搭配。"

她说："不憋屈。我的那件红风衣已经成了我的标志，远远走过去，大家都知道是我。现在想想，以前在衣服上浪费的时间真多，现在才知道衣服少一点儿，我也照样活得很好。"

很多人会说自己需要的东西不多。例如，女人总说自己想要的衣物不多，只是在选择的过程中，需要找到最适合的那一件，就要买很多件来试错。大家都会说，只有经过对比，才能知道什么最合适，什么最好。

人们常常觉得自己的生活被不需要的东西填满，生活就像一个眼花缭乱的大衣橱，在面对这个衣橱时，自己总是无从选择，只能胡乱搭配。这个时候，人们宁可自己的衣橱小一些，衣服少一些，至少能让自己快速选择，而不是面对上百个选项，光是看这些就要用去半天时间。

对有智慧的人来说，幸福不在于拥有一个仓库，而在于能在仓库里寻到最贵重的宝物，只有这宝物才能给你最好的感受。人只有一双手，要知道自己最重要的东西是什么，然后牢牢地抓住，才算没有辜负生命。否则，丢了西瓜捡芝麻，到最后手中剩下的，也许是最没用的那一个，自己根本不想要。

贪婪给生活带来苦恼，因为贪婪会让人们对现在拥有的东西产生不满，认为它们不够好，总想要找一个更好的。它们的实际价值被人们大大贬低，人们占据它们，它们却让人们更加不幸福，这个过程逐渐形成一个恶性循环，人们会一直寻找下去，直至找不到为止。难道非要等到这个时候，人们才肯看一眼自己已经拥有的东西，而后意识到它们的可贵吗？知足常乐，从现在开始接受现状，发现现实中的美，这样才能让自己体会到真正的幸福。

♥ 给自己一个微笑，化解生活中的戾气

快乐与幸福可以说是世人追求的最理想的生活状态，无论途中遭遇多少坎坷，人生最终的目的都是获得快乐和幸福。对所有事物都抱怨的人，常常会处于一个消极的世界里，他们很难找寻到快乐，也不知道发掘生活中的小幸福。有人曾经这样说过："我知道我不该抱怨，不该生气，但我不知道该怎样让自己不去抱怨，不去生气。这该如何是好呢？"

其实，有一个方法可以帮他们解决这个问题，那就是微笑。人每天不一定都能得到快乐，但如果碰到了烦恼的事情，记得给自己一个微笑；碰到了令自己生气的事情，给自己一个微笑，起码能使自己有一个好心情。

因为每个人的经历和对快乐的定义不同，所以快乐因人而异，谁也无法替代谁。乐观主义者说："人活着，就有希望，有了希望就能获得幸福。"他们能在平淡无奇的生活中品尝到甘甜，因而快乐如清泉般时刻滋润着他们的心田。微笑本就是人与人在感

情交流中一个轻松的媒介，对别人真诚地微笑，能够表现出这个人乐观的心态、待人的热情；而对自己微笑，则是一份乐观的自信，让我们的心灵一直生活在愉悦之中。

那些不善于微笑的人，总是带着悲观情绪看待周围的一切，结果整个人生就被悲观淹没了。

乐观开朗的小赵大学毕业后，应聘去了北京的一家大型外贸公司。上班的第一天，小赵非常谨慎，虽然公司离住的地方不远，但他为了给公司的人留下一个好印象，很早就起床洗漱，之后又穿上一套职业装，把自己打扮得非常精神。

他本以为这样做可以引起公司领导和同事的注意。可是事与愿违，到了公司之后，人力资源部经理把他领到他所工作的后勤部之后，就再也没有人搭理他，同一部门的同事也没有人主动跟他交流。

小赵在座位上等待部门经理安排任务，可是等了半天，经理也没有来，他只好主动去询问经理。部门经理对他说："小赵啊，你去把饮水机的水换一换，再去帮大家买些充值卡，捎带着把大家的午饭买回来……"

从此，小赵就开始每天做这些琐碎的事情。过了一阵子，小赵感到非常郁闷和无奈，他也不知道该如何是好，要是提出拒绝，他又担心部门经理会生气。本来，帮助同事是他非常乐意的一件事情，可是没有一个人对他说"谢谢"，也没有人对他的行为表示肯定。更让他生气的是，仿佛这些琐碎的事情在同事眼中都成了他的"本职工作"。对此，小赵连续失落了好几天，脸上没有一丝笑容，心里也一直抱怨部门经理不"体察民情"。就这样，小赵在压抑和抱怨中工作了几个月，最后辞职走人。

此后，小赵的情绪一直很坏，在求职中也屡屡碰壁，完全没有了当初的劲头与信心，原本一个乐观开朗的小伙子，逐渐变成了一个满腹牢骚的人。

小赵是职场新人，由于没有经验，没有处理好与上司、同事之间的关系，心生抱怨。但抱怨根本解决不了问题。相反地，还会让自己的心情一直低落。我们周围有很多像小赵一样的人，他们抱怨生活不公平、不如意，总是跨不进那扇快乐之门，一直生活在抑郁、忧伤之中。

人的一生有很长的时间，肯定会在各个阶段遇到各种各样的事情，其中肯定也会有让我们感到心烦、抱怨的事情，但这就是生活。在面临这样情况的时候，很多人的情绪会表现得非常低落，甚至是手足无措，不免要抱怨几句，甚至发发牢骚。如果我们整天沉溺在自己悲伤的情绪中，或者沉浸在无边的恼怒之中，我们就永远也发现不了快乐。

我的朋友小刘是一家金融投资公司的部门经理，在同事看来，他总是深沉而严肃，一天到晚脸上难得出现一丝笑容。正是这个原因，他没有亲密的朋友，也没有谈得来的同事。

他的个人生活也非常糟糕，与妻子结婚十多年，日子非常枯燥无味。这么多年来，他的妻子也很少看到他微笑。为此，妻子不止一次抱怨过他。

一天早晨，小刘照例洗漱完准备上班。突然，他从镜子里看到自己绷得紧紧的面孔，感觉非常僵硬。他吃了一惊，心中开始不安。他给我打电话，向我说出了他的不安。我想了一下，也不知道如何安慰他，就说带他去看心理医生吧。后来，我们去看了心理医生，他将自己的苦水倾倒了出来。医生只是建议他多微笑，逢人就微笑。

看过医生后，小刘就尽量按照医生的要求做。早餐时间，妻子叫他吃早餐，他立刻高兴地回答："我马上来。谢谢你天天为我做早餐，你辛苦了！"说着便满脸笑容地走了过去。谁知妻子愣了神，没有想到他今天会跟往常不一样。不过，她还是高兴地说："你今天是不是遇到什么好事情了？"他愉快地回答说："从今天开始，我们都要生活在喜气洋洋的氛围中。"

来到公司后，小刘微笑着向同事打招呼。大家在诧异和好奇中慢慢地接受了他的转变，并对他报以微笑。慢慢地，他跟同事打成了一片，无形之中关系也拉近了不少。如今的小刘跟之前相比完全是两个人，之前他阴沉、严肃，而现在他快乐、充实，感觉他完全变成了一个充满正能量的人。

如果你能意识到自己不该抱怨的话，就应该时刻保持微笑，积极调控情绪，多跟乐观阳光的朋友往来，使自己的每一天都在愉快的气氛中度过。

无论生活给了你多少失落和波折，人生给了你多少辛酸，只要你回报一个微笑，让微笑的花朵永不凋谢，那么你就能拥有一份内心的宁静与淡然。给生命一个微笑，你的生命将因微笑而精彩，你的微笑也将因生命而美丽。

爱抱怨的人其实是很愚蠢的。要解决这个问题，其实非常简单，只要你能够经常保持微笑就好了。微笑具有不可估量的力量，当你对一个人微笑时，他也会还你一个微笑，你们彼此都会获得一个好心情。

世界因你的微笑而改变，生活因你的"毫无怨言"而变得更加美好。

第 五 章

对遗失多些钝感力，

错过并不是一件糟糕的事情

♥ 错过了，并不是一件糟糕的事情

我们不是圣人，经常会在有意或无意之中，做错一些事情，错过一些事情。或许自己曾经因为疏忽，忘记了与女友约会的时间，忘记了女友的生日；或许自己忘记了某个重要的面试日期，错过了获得好工作的机会；或许自己错过了最后一班回家的公交车，错过了与亲人团聚的机会……面对这些情况，我们是不是只会抱怨与叹息呢？

如果我们的回答是"是"的话，那我们就该停下来审视一下自己的内心了。其实我们的人生大可不必如此，错过了爱情，我们还有朋友；错过了工作，我们还有自由……也许有一天，我们会惊讶地发现：原来错过并不是一件糟糕的事情，反而有可能带来其他的机遇。既然如此，又何须抱怨与叹息呢？

有一年，美国一所著名大学要在中国招收学生，名额只有一个，被招收学生的全部费用将由美国政府承担。很多学生报名参加了初试，但初试结束后，只有十几名学生合格，进入了下一轮的面试。到了面试的那一天，这些学生以及他们的家长都来到饭店静候面试开始。主考官刚出现在大厅时，学生们便一拥而上，将他团团围住。他们用流利的英语跟主考官交流，甚至做起了自我介绍。然而，只有一名学生由于动作太慢，没能接近主考官，为此，他心里感到了一丝失落与懊恼。

这名学生认为自己不可能被录取了，于是准备离开。而就在此时，他突然发现大厅的角落里有一位外国女士，她正在茫然地看着窗外。这个学生心想："她不会是遇到什么麻烦了吧？我过去看看能不能帮上她的忙。"这个学生走近那位女士，有礼貌地跟她打了招呼并简单介绍了一下自己，最后问："您是不是需要帮忙呢？"女士说："谢谢你的好意，我暂时不需要。"接下来，女士又问了一些这个学生的情况，两人越聊越投机，谈得很愉快。

第二天，这名学生收到了主考官的通知，他被录取了。这名学生得知这个消息后十分高兴，后来他才知道，原来那位女士就是主考官的夫人。

有时候我们可能错过了美丽的花朵，但得到的结果并不一定是凋残的枝叶，有时也会直接收获硕果。所以，当我们用尽心力去完成一件事情而没有得到回报的时候，千万不要悲观失望，更不要停止前进的步伐，因为，前方可能有更好的机会正在向我们招手。所以，我们不要再为错过而抱怨了，关键要看看自己能收获什么。

其实，错过本身未必不是一种美丽，从长远的角度来看，这些错过未必就会带来不幸。如果在种种情绪的背后，我们时常为错过感到释然而不是抱怨的话，那么恭喜我们，我们已经学会欣赏错过了。

我大学毕业后，进入北京的一家公司当职员。从我家到公司坐公交车需要花费半个小时的时间。每天一大早，我就要去挤公交车。虽然半个小时的路程并不长，但是因为这趟公交车有几站停靠在地铁口附近，所以每天都非常拥挤，我常常因为拥挤而懊恼、抱怨。

有一天，我起床稍微晚了一点，来到公交站等了三辆车都没有挤上去。我生气不已，抱怨自己的运气怎么就这么不好。无奈之下，我只能再等下一辆公交车。等到公交车停靠在站台边的时候，人们还是一拥而上，我虽然"努力"了，但还是被挤了下来。望着渐行渐远的公交车，看着上班时间越来越近，我更加着急了，心情也糟糕透了，差点儿决定步行上班去。

就在这时，后面又来了一辆公交车，由于等车的人已经不多了，所以我顺利地上了车，过了两站，还找到了一个座位。我一下子又觉得很高兴，甚至忘记了错过前面几辆车的不快。最终，我踩着上班时间点到达公司。看来，上天还是眷顾着我啊！

错过之后不要纠结，我们要淡定地告诉自己，其实，错过也是一种收获，或许我们还没有看清这些收获，但是它一直都在那里，静静地等待着我们去感悟它、发掘它，直到最终拥有它。

同样的生活，可以让人意志消沉，也可以让人百炼成钢，其中的关键就在于我们究竟怎样去面对。如果我们坚信生活是美好的，并用淡定的心态面对错过，那么我们的心情也将是快乐的，而我们也会是幸运的人。当我们不再为错过的或者缺少的东西而怨天尤人，不再为不确定的将来忧心忡忡时，那么，我们就能够得到生活的乐趣，收获属于自己的硕果。

❤ 一代又一代的人，在时间的脚步中走过

"门前老树长新芽，院里枯木又开花，半生存了好多话，藏进了满头白发……时间都去哪儿了，还没好好感受年轻就老了，生儿养女一辈子，满脑子都是孩子哭了笑了。时间都去哪儿了，还没好好看看你眼睛就花了，柴米油盐半辈子，转眼就只剩下满脸的皱纹了……"这首《时间都去哪儿了》是写给父母的一首歌，以细腻的笔触描述了老树能够再逢春，人生却一去不复返的现状。的确，人生是一场没有归途的旅程，任何时候，我们都只能一往

无前，哪怕再怎么后悔，时光也不会倒流，青春也不会回来。相爱的人携手走过一生，生儿育女半生，最终却只剩下满脸皱纹，时间的确留给生命无限的感慨，使人不胜唏嘘。然而这就是生命的历程，一代又一代的人伴随着时间的脚步走过，走过满头青丝华发，走过人生的幸福美好，走过人生的坎坷与磨难……

时间悄然流逝，不仅对于父母，对于每个人而言，时间都在嘀嘀嗒嗒一刻也不停歇地向前走。很多年轻人仗着年轻，总觉得自己最大的资本就是有大把时间，他们肆意挥霍、纵横在年轻的生命线上，无视生命是一个消亡与不能退回的单向进程。实际上，时间对每个人而言都是平等的，每个人的人生都是未定的时间，每个人的一天都只有二十四小时，一分不多，一分也不少，不管是穷人还是富人，也不管是平头百姓还是有权有势的人，时间都只有这么多。时间都去哪儿了？父母的时间流逝在养家育儿中，孩子的时间呢？除了养儿育女外，我们在人生之中还做了什么？生命走到最后，我们除了那些琐碎，又收获了什么？还记得小学一年级进入学校的情形吗？还记得大学毕业合影留念的情形吗？还记得决定和所爱的人携手一生的那一刻吗？还记得迎来新生命的喜悦吗？这些人生的点点滴滴，都是生命中不能忘却的记忆瞬间。当然，也有一些人的人生中，这些琐事所占的比例很小，他们大部分时间都在学习、工作和开会。他们自从离开家走入大学校园，与父母的缘分就只剩下每年甚至每几年中为期几天或者十几天的相聚。到最后，我们会发现，原来父母子女一场，所有人都会在时间的流逝中渐行渐远。

所以，我们不应该再眼睁睁地看着时间溜走，而要努力地抓住时间，创造属于自己的人生。我们也不要人云亦云，盲目地与他人攀比，毕竟人生短暂，我们不是追风的人，我们要追求的是自己生命的意义。任何时候，我们都要遵从自己内心的选择，都要相信我们可以做到尊重生命。

作为一家广告公司的负责人，丝丝自从大学毕业后回家的次数就越来越少，回家的时间也越来越短。渐渐地，居然连给父母打电话的时间都没有了。每当夜深人静时拖着疲惫的身体回到家里后，她就会觉得自己累得连说话的力气都没有了。妈妈也知道她经常要到深夜才下班，好几次都是深夜十点多打电话给她。妈妈当然很心疼宝贝女儿，也几次提出让丝丝回到家乡工作，每天朝九晚五，生活悠闲而又惬意，丝丝却总是不甘心，觉得自己既然在上海读了大学，就理所应当地留在上海工作。

今年的"十一"假期与中秋节重合，有八天假。为此，妈妈早早就打电话预订丝丝的假期，让丝丝回家过中秋。丝丝也知道自己从春节到现在都没有回过家，每到过节，家里只有爸爸妈妈两个人，非常冷清，因而她答应了妈妈的要求，也开始利用休息时间购买礼物，准备带回家。但是，临近国庆，公司突然接了一个大项目，要求所有人员不得休假，全部按照每天三倍的薪水发放工资。其实，丝丝如果想回家，还是能找到理由的，但是一想到八天的假期就能挣到一个月的工资，她不由得怦然心动："算了，买些东西寄给爸妈，我还是多挣点儿钱好好孝顺他们吧！"等到给妈妈打电话说起不回家的事情时，丝丝明显感觉到妈妈语气中的落寞。不过妈妈没有说什么，只是叮嘱丝丝过节去饭店吃饭，不要亏待自己，说完就挂断了电话。直到春节回家，丝丝看到妈妈已经瘦得没了人形，才知道妈妈半年前得了乳腺癌，手术之后一直都在化疗。丝丝埋怨妈妈为何不告诉她，妈妈说："你工作那么忙，不想让你分心啦。"丝丝瞬间泪如雨下。如果她国庆节回家，正是妈妈手术完第一次化疗的时候，但她为了所谓的工作，无意间舍弃了亲情。

不要等到"子欲养而亲不待"的时候，才猛然醒悟时间已经悄悄溜走了。也不要等到自己的人生过半，才意识到原来生命中最重要的是什么。对每个人而言，生命都是弥足珍贵的，不要只会用语言来形容时间的流逝，而要深刻意识到时间真的就在分分秒秒中一去不复返了。

我们与其感慨时间的悄然流逝，不如珍惜时间。如果我们想要获得工作上的成功，就要拼尽全力地工作，但是一定要提高工作效率，意识到生活与工作同样重要，甚至比工作更重要，这样才能避免本末倒置的错误。如果我们更热爱生活，珍惜家人和朋友，那么就把工作作为一种谋生的手段好了，更多地享受亲情、友情与爱情。我们唯有与时间赛跑，才能紧紧抓住生命中的每一个今天，绝不错过一分一秒。

♥ 你总是后悔莫及，却又总是不懂得珍惜

一直很喜欢一部电影——《大话西游》里面有一段台词："曾经有一份真诚的爱情放在我面前，我没有珍惜，等我失去的时候，我才后悔莫及。"抛去故事情节不说，从这句话中我们至少可以看到，主人公的追悔不是因为没有得到幸福，而是幸福一直在身边，他却没有发现，没有去珍惜。

一般在恋爱中，两个人是互相崇拜对方的。婚后，一方对另一方逐渐变得挑剔起来，总觉得对方和自己心中期待的样子渐行渐远，没有了婚前那种心跳的感觉。其实不是对方变差了，而是自己的心态发生了变化。

婚姻的幸福感就是这样，当你没有得到的时候会有一种强烈的期待，当你得到的时候会觉得自己是这个世界上最幸福的人，但当你步入婚姻生活后，当初的那种幸福感又被你远远地抛在了脑后。

随着婚后相处时间的增加，夫妻俩遇到的日常生活问题越来越多，双方对未来的信念也开始有所动摇。这个时候，很多人就会觉得他们的另一半完全不是婚前相爱时的那个样子了。

小丁是一个很让家人发愁的姑娘。她让人发愁不是因为家庭困难，生活条件不好，恰恰相反，是因为生活条件过于优越。小丁从小在部队大院里长大，关系要好的女生有五六个。她们年龄相仿，陆陆续续都结婚了。结婚时，她的老公是这些人里条件最出众的一个，身高将近一米九，外貌俊朗，而且是个公务员。朋友经常跟她开玩笑，动不动就说要抢她老公之类的话，她听着心里美滋滋的。

然而，慢慢地，她心里产生了失落感。随着时光的推移，她老公往日的俊朗渐渐不复存在，大家看习惯了，也不再称她老公"帅哥"了。聚会时大家热聊的话题变成了谁买了 Townhouse、大奔，还有谁的老公开的公司盈利值达到了多少。每每聊到这些，她心里就开始不平衡起来。朋友都安慰她，说她老公的工作稳定，虽然不会赚到什么大钱，但是很悠闲。她听完这些话后更觉得心里别扭，她认为说一个人悠闲就意味着这个人没用。

他们夫妇周末应好友之约一起去吃饭。好友的老公只有不到一米七的身高，与好友恋爱时说话都结巴，现在当了总经理，全身都是名牌，话语间对小丁夫妇透着轻蔑。小丁为此感到十分沮丧，以身体不适为由提前回家，一路上她都没怎么搭理她老公。

回家后，她理都不理她老公，接着又跑到父母家，和父母大发牢骚。对于她这些牢骚，父母规劝过很多回，让她做自己。日子是过给自己的，总和别人攀比怎么可以，世上有的是比你有钱的，也有的是比你落魄的。但小丁永远也听不进去，和她老公三天一小吵，五天一大吵。

人不要一味地沉浸在最初得到幸福时的回忆里。一味追求幸福最高点时的感受，只会忽略爱人的关爱，把微小的矛盾扩大化，从而更加感受不到幸福。

婚姻中千万不要因为得到太多而忽视幸福，不要丧失对幸福的敏感。不要轻易说对方这不好、那不好，其实往往不是因为对方不好，不是对方没有给你幸福，而是你在幸福中变得麻木了。当你固执地摆脱"不幸福"的现状后，也许你又会后悔自己做出这样的选择。所以，一定要理性看待自己，千万不要用别人的幸福标准来衡量自己，否则，只能让自己和幸福失之交臂。

有些人总喜欢用这样的口吻来说自己的伴侣："看你那样子，除了能干点家务活，你什么都干不了！你看看咱们邻居，一年能挣几百万元，人家天天出没各种高级会所，而你的无能造成了我们现在的处境！"如果伴侣也能挣几百万元，她们又会产生新的说辞："你一天天就知道工作，也不知道带我出去玩，人家谁谁夫妻总是一起去旅游，你有陪过我吗？"

在步入婚姻生活后，恋爱时的花哨已不复存在，因为婚姻生活赋予夫妻双方更多的是责任感和亲情。若一方一味追求恋爱时的感觉，就会对现状产生不满，逐渐失去幸福感。其实，你根本就没有失去什么，对方还是和恋爱时一样关心你、呵护你，所以人一定要懂得知足。你要始终觉得你的伴侣是最好的，你的婚姻生活是幸福的。不要让一味的挑剔阻挡了你幸福快乐的阳光，破坏了你美好和谐的家庭。

有位哲学家曾说："每一种事情都变得非常容易之际，人类就只有一种需要了——需要困难。"有了困难，才知道挣钱辛苦；有了困难，才知道家庭对自己是多么重要。在享受幸福和富裕的生活时，千万别忘了粗茶淡饭，别忘了遇到困难时相互扶持的日子。只有忆苦，才懂得思甜。

大部分人，不是不幸福，只是得到得太多，但又没有意识到要珍惜。幸福是需要彼此之间相互提醒的，我们常常会忽略身边的幸福，这正是应了那句老话"身在福中不知福"。人们经常以为自己已经永远失去了幸福，其实错了，幸福一直都在你身边，抓住它，别让幸福溜走。很多时候，并不是你的亲人、伴侣没有给你幸福，而是你少了一颗感受幸福的心。

♥ 有什么样的定位，就有什么样的人生

今天，一个叔叔来我家做客，他让我帮他修电脑。等修完后，我们坐着聊天，没几句便聊到了他的孩子。他是一个乐天派，总是说："我是个知足常乐的人，比上不足、比下有余就行了。"但他的孩子如果说这样的话，他就会立即暴跳如雷，斥其不争气，甚至棍棒加身。不过他的孩子非常争气，学习很好，现在在一所名牌大学学习。

我想这样的人不只我叔叔一个，很多家长都是如此。而很多孩子也是在这样的环境下长大。从小到大，几乎每个人，甚至还没上学的小朋友，都会在家长的"教育"下纷纷树立远大理想，比如"我要做大老板""我要做大官""我要当科学家"等，如果有人像《长江七号》中的小朋友说"我要做一个穷人"之类的话，那这个小朋友肯定当即就会被人笑话，被认为没出息！

可怜天下父母心。为了让孩子有出息，一些父母将孩子的弦越拉越紧，到了崩溃的边缘也不松手，甚至不惜放弃自己的未来，也要把全部的赌注押在孩子身上，望子成龙，望女成凤。只要孩子好好学习，考个好成绩，父母做出再大的牺牲也不皱一下眉头，再多的投资也在所不惜，再多的付出也觉得欣慰。可一旦孩子成

不了龙，成不了凤，父母就会觉得天塌了，认为家庭没有希望了，进而数落孩子，打骂孩子，甚至把孩子逼得离家出走。

其实想想，我们学生时代拼命死记硬背的那些知识又有多少起了决定性作用呢？最重要的是，父母不能从小就把孩子引入自我定位的误区，不能动不动就给孩子灌输做事要做大事、赚钱要赚大钱、做人要做大人物的谬论。不要在孩子身上寄托太多虚无缥缈的希望，不要用孩子的成绩支撑父母的虚荣。

在一个北方小城里，有一个人很出名，出名的原因不是他有钱，也不是他多么优秀，而是他人生的反差过于大。这个人是一个师范大学的毕业生，在校期间各门功课都很优异，毕业后却没能在大城市找到合适的工作，最终回到了老家。刚开始，他一边教书，一边准备研究生考试，希望为自己开创一条出路。但是出于多方面的原因，他的努力并没有换来期待中的成绩。为了自己的前途，第二年，他再次鼓起勇气，凭借强大的意志捧起书本，然而第二次考研仍然没有成功。后来，他停止了努力，每日与酒为伍，几近崩溃。糟糕的身心状态也影响了他原本在学校正常的授课安排，最终他被校方开除。这下，他彻底崩溃，最后选择了自暴自弃，颓废地生活。

这个朋友就是出现了定位过高的问题，如果他能够稍微降低一下自己的目标，也不至于走到这一步。遗憾的是，没有如果，只有悲剧，而且这样的悲剧不止一个，更不会就此打住。

法国的拿破仑说过："不想当将军的士兵不是好士兵。"与之相类似，中国也有句俗语："宁做鸡头，不做凤尾。"不管我们是否认同这些说法，几千年来，至少大多数人都是被这样指导的，而中国人尤甚。中国人历来讲究"成王败寇"，鲜花和掌声历来只属于第一，第二几乎就等于失败，和第三、第四没什么区别。如果一定说有什么区别的话，就是你有可能成为人们心目中将来的第一。人们对你的尊重，是基于对你的未来、你的潜力的尊重。

中国人很会劝人。对于失败者，他们会说："没事儿，转身也有一片天空。三百六十行，行行出状元。"这时候我们就会发现，劝来劝去又回到了起点——不管你干什么，你都得当状元！过去当不了状元没关系，但你迟早得当状元！不然，你的人生就很没劲。因为当状元绝不是你一个人的事儿，你身边还有一大堆对你恨铁不成钢的人。所以对于大多数中国人，尤其是被周围人视为希望的中国人来说，只要一息尚存，这个人就得拼命地往上爬，向第一冲刺、冲刺、再冲刺。

做第一没有什么不好，当将军也没有什么不好，但第一和将军的位置只有一个，绝大多数士兵注定就只能是一个士兵。难道这就说明那些士兵都不优秀吗？大家都懂这个道理，但如果能够选择，还是很少有人愿意直接选择做一个士兵。

庄子说过，"以道观之，物无贵贱"，就是说用自然的常理来看，万物根本没有贵贱的区别。人们常说，人往高处走，水往低处流，但事实上"地位"是人们最不值得花费力气去谈论的一个话题之一。同样是人，何必一定要分个等级和高下呢？

时下有一句流行语："有什么样的定位，就有什么样的人生。"大意是说，要想成为成功人士，首先需要为自己选择一个明确、具体的目标，比如你想拥有多少金钱、拥有什么样的社会地位、取得什么样的成就，等等。毫无疑问，一个有了自己人生定位并能为之付出不懈努力的人，相对来说肯定比那些飘忽不定、内心迷惘的人更容易接近成功。可是反过来说，定位绝不等同于成功，因为有些事情跟定位无关，甚至与努力无关。比如，一个天生五音不全的人，却非要做歌唱家，他的定位固然好，但观众接受不了，最终他也不可能成功。换言之，你的定位应该符合自身实际，否则就是信口开河。

没有人不想成功，为成功而奋斗是每个人的权利，并且非常值得肯定，但千万不要把成功当成必然会出现的结果。一定会成功，丑小鸭还能变成天鹅呢，不是吗？答案是否定的。丑小鸭之所以能变成天鹅，是因为它体内原本就有天鹅的基因。

再者说，做天鹅、做第一就那么好吗？绝不是。俗话说："癞蛤蟆想吃天鹅肉。"天鹅之所以越来越少，就在于想吃天鹅肉的不只是癞蛤蟆。一只飞到哪儿都得担心被吃的天鹅想来也快乐不到哪里去。几乎在每一部武侠小说中都有这样的情节：一个人乃至一群人不厌其烦地找到号称"武功天下第一"的人，并逼他动武，理由只有一个，你是天下第一，打败了你，我就是第一。弄得这些第一不是被杀，就是被迫杀人，一天清净的日子也过不上，还不如普通的江湖小卒。正如歌曲《大笑江湖》中唱的那样："江河湖泊浪滔滔，看我浪迹多逍遥，谁最难受谁知道，天下第二也挺好。"就让我们做个小卒好了。

♥ 学会与过去和解，释怀后心情将无比美丽

这个世界是有历史的，这个世界上的每个国家也是有历史的，这个国家里的每个人也是有历史的。不得不说，每个存在的人或者物体，都有属于自己的历史。当物体在历史的沉淀下被赋予一定意义后，它就会在人们面前表现出与众不同的特点，对于人而言也同样如此。现代社会很多人抱怨自己的人生经历非常悲惨。殊不知，每个人都是这个世界上独一无二的个体，而每个人之所以能够成就今天的自己，正是因为那些无法抹去的历史和过往。

一切过往都会在人的生命中留下深刻痕迹。有的人从小到大衣食无忧，不管什么事情都在父母的安排下进行，他们自然不知

道生活的疾苦。与此相反，有的人出身于贫穷家庭，从小就饱尝生活的艰辛，也会见证父母在漫长而又艰难的生活中慢慢老去，所以对生活会有更深刻的领悟和体会。

古代社会，很多父母在孩子结成姻缘之前会先考察结亲的两家是否门当户对，虽然这是种很传统的做法，但是其中有一定的道理，毕竟不同环境会导致人与人之间产生一定的距离。当然，今日的社会早已不同往日，人与人之间的距离不断地在被拉近。这样一来，不管是来自城市还是农村，也不管是生活优渥还是贫困，人们都可以在一起产生思想的碰撞和交流。

面对生活崭新的一页，要学会忘记过去，才能更好地面对未来。把那些根深蒂固的东西都抛掉，我们才能轻装上阵，勇敢前行。

人要学会选择性遗忘过去。就像一个人背着背篓去爬山，如果总是不停地把那些漂亮石头放到自己的背篓中，那么在爬到半山腰的时候，这个人就会觉得非常沉重。与此相反，如果这个人在爬山的过程中不断地捡起漂亮石头，也不断地扔掉那些不够漂亮的石头，那么背篓的重量就会保持均衡，不至于过重而无力承担。人生恰恰也如同背着背篓前行，那些沉重的负担时常会压得我们喘不过气来。所以，唯有学会忘记，忘记心灵沉重的负担，忘记不堪回首的过去，忘记那些曾经的辉煌，我们才能再次建立起点，继续果断勇敢地向前走。

20 世纪，赫赫有名的"建筑大王"凯迪和"飞机大王"克拉奇是关系非常亲密的好朋友。为了两家能够更长久地保持友谊，也为了让彼此的家族生意不断地发展壮大，凯迪想把自己的女儿嫁给克拉奇的儿子，从而让孩子们世代交好，也让两个家族因为婚姻在生意上成为更密切的合作伙伴，强强联手。遗憾的是，凯迪的女儿与克拉奇的儿子似乎并不合适，他们的感情之路始终磕磕绊绊，很不顺利。他们经常爆发激烈的争吵，但碍于两家的社会地位和名望，两人始终保持着貌合神离的婚姻关系。为此，他们的父母也很担忧。

　　经历了漫长而又难熬的一段生活之后，发生了一件让双方父母都难以接受的事情：凯迪的女儿被人杀死了。警方经过一段时间的调查，最终得出了一个让大家都震惊的结论：克拉奇的儿子就是杀人凶手！面对这样的结局，两家都受到了沉重的打击。最让凯迪一家无法接受的是，克拉奇的儿子拒绝认罪，而克拉奇也四处奔波为儿子伸张正义。失去了女儿的凯迪悲痛欲绝，他们全家都无法原谅克拉奇和他的儿子。他们从生意场上的合作伙伴和生活中的朋友，变成了生意场上的竞争对手和生活中的敌人。一年之后，克拉奇的儿子被判入狱，而克拉奇为了让凯迪能为儿子说话，总是在生意上故意让出一些利益给凯迪。但是凯迪对此毫不领情，他反而因此更加沉浸在失去女儿的悲痛和对克拉奇的怨恨之中。直到20年后，事情突然有了转机。原来警察的判断是错误的，克拉奇的儿子并非杀人凶手，凯迪的女儿完全是意外死亡。这件事情再次引起全城轰动。后来，在接受媒体采访的时候，凯迪和克拉奇一致认为：20年来，他们遭受的折磨是警方任何道歉和金钱补偿都无法弥补的。

人生能有几个20年呢？人生最美好的阶段，也不过就20多年。20年的时间，人会从年轻力壮到人生迟暮，也会从满头青丝到满头白发，这是付出多少财富都无法挽回的巨大损失。假如两家人在当时能够及时忘记痛苦和仇恨，那就不会这样被痛苦折磨20年了。

在现实生活中，因为各种各样琐碎的事情，我们难免与他人发生矛盾或者口角，如果频繁地陷入愤怒之中，我们就无法解脱。聪明的人能学会忘记，能宽容大度地对待他人的伤害。这样看似是原谅了他人，实际上更是解放了自己，从而避免了一生都在痛苦之中挣扎。

在古希腊的传说中，有一个仇恨袋。每个人在行走的时候，如果遇到仇恨袋，就要绕道而行，假如路人因为生气狠狠地踢仇恨袋几脚，那么仇恨袋会越来越大，直到最终，仇恨袋会完全堵住路口。生活中，每个人的心里也有一个仇恨袋，如果学会对仇恨绕道而行，原谅他人，那么我们就能更快地通往幸福和快乐。反之，如果我们总是与仇恨袋过不去，恨不得踢仇恨袋几脚，那么仇恨袋就会越变越大，最终彻底堵住我们的去路，让我们与幸福和快乐绝缘。人生中除了生死，没有多少事是值得计较的。即使在生死面前，我们也依然要记住爱与宽容，不要为了仇恨别人而禁锢自己的一生。

唯有学会选择性遗忘，我们才会更加轻松快乐，我们才能轻装上阵，坦然前行。

第 六 章

钝感社交，

考虑问题多为他人着想

♥ 对自己少一些敏感，对他人多一些钝感

在沟通时，我们总会遇到这样一类人，他们对自身很敏感，对他人很钝感，任何场合下总喜欢以自我为中心，无论别人说什么，接话的时候总把主题引到自己身上，说自己的诉求，置他人的想法于不顾。这种人心里只有自己，从来不考虑别人。原因是，他们有严重的个人主义思想。

毫无疑问，这种自我意识对他们自己的发展有百害而无一利。由于过度追求个人利益，他们在为自己的理想奋斗的同时，也失去了良好的人际关系——没有人愿意同他们这种自私的人沟通或者合作。

坦白地说，任何人都有自私自利的思想，尤其是现今独生子女多，他们的内心更加敏感。因为他们从小就是整个家庭的核心，长辈大多溺爱他们，使他们在不知不觉中养成了自私自利的坏习惯，在交际中会忽视别人的感受。

向南是某公司销售精英，正在朝着销售部副经理的位子努力着。这天，他回到家，高兴地对小鹿说："老婆，告诉你一个好消息，今天开会的时候，领导对我提的方案很满意，

还说……"

"真的吗？"小鹿心不在焉地说，她正在修剪一盆百合花，"那真是个好消息。老公你看，这盆花打理得好不好看？对了，咱家马桶不抽水了，你一会儿去看看好吗？"

"当然好啦。我刚说领导听取了我的建议，说真的，开会的时候我真有点儿紧张，但他们终于发现了我的才华，说不定……"

"是啊，我早就说过你是怀才不遇。"小鹿插话道，接着又说，"我买了咖喱粉，晚上我们吃咖喱饭吧。对了，下午表妹给我打电话来着，说要过来住两天，我去收拾一下客房，你先去厨房削土豆吧。"

直到这时候，向南才发现在这场沟通中，他彻底被老婆打败了。没办法，他只好闷头走进了厨房，而小鹿丝毫没注意到向南的情绪。

看到这里，大多数人会认为小鹿自私极了，接话时只在乎自己的问题。其实小鹿和向南一样，都想找一个倾听者，可她把倾诉的时间弄错了。如果她能耐心地听完丈夫想说的话，再跟他聊自己想说的话题，两个人的相处就会变得很愉快。

每个人都想获得利益，避免伤害。如果可以，我们都想按照自己的想法去生活，在交际中获得最大的利益。可人是相互制约着的，一场活动不可能兼顾每个人的利益。所以，我们过度追求自己的利益，势必会伤害到别人的利益。但为了保证这场活动能够其乐融融地举行下去，我们就不得不适时做出退让，其间，我们可能需要牺牲自己的部分利益。

社会学家指出，交际中最简单、最实用的原则是"你喜欢我，我就喜欢你"。所以，你若想得到别人的欣赏和尊重，首先要学会欣赏和尊重别人，人类的发展就是这样相互制衡的。

有人说，你能在某段时间骗了某个人，也能在某段时间骗了所有人，可是你不能在全部的时间里骗了所有人。你是什么人，大家迟早会看出来，到那时，你的信誉就会像多米诺骨牌一样迅速坍塌。

我们要知道，人际关系是一种相对的平衡，如果我们不幸打破了这一平衡，那么我们很快就会得到教训。就像曹操刚刚说："宁我负人，毋人负我！"陈宫就想："（曹操）原来是个狼心之徒，今日留之，必为后患。"于是，陈宫就起了杀曹之心。虽然陈宫最后没能杀了曹操，但不再辅佐他了。对曹操来说，失去陈宫是一个非常大的损失。

在现实社会中，每个人都有欲望和要求，但是现实不可能满足所有人。如此一来，就很容易出现矛盾。因此，我们不能一味地为自己考虑，而要客观地面对现实，学会礼尚往来和包容。当然，我们也不应该放弃自己的合法权利和正当欲望的满足。

我们要扩大自己的交际圈，提高自己的修养，接话时控制自己的言行，换位思考，多为身边的人着想，学会尊重、理解，多多关心帮助别人。只有这样，在我们有困难需要帮助的时候，才会有人愿意伸出援手来帮助我们。

♥ 大智若愚也是一种钝感力

"大智若愚"被人们奉为一种高明的处世之道，也就是一种在看似愚笨的形象下，有效保护自己的方式。在日常生活中，每个人交际的方式各不相同，有的居高临下，锐气十足；有的则看上去平平常常、普普通通。其实，看上去普通寻常，甚至有些呆头呆脑的人，有时人缘会更好。

面对一个错误的推理或结论，我们如果从正面直接反驳往往效果不佳，这时候不如像一只"呆头鹅"那样，选择另一个同样含有明显错误的言论来反驳。这种言论虽然表面上看起来呆头呆脑，但其实它传达了不能直接在明面上讲出来的含义。这种看上去笨笨的形象越明显，就越具有荒诞性和幽默感。先来看一个古代的案例。

南宋时期，宋高宗命令御膳房做一些馄饨吃，但不知怎么回事，馄饨竟然没有煮熟。宋高宗因此吃到了一个半生不熟的馄饨，他勃然大怒，把那个御厨投进了大牢。

几天后，宫廷表演节目，两个演员打扮成刚刚相识的读书人的模样，彼此之间相互询问生辰日期，一个演员说："我甲子生。"另一个演员说："我丙子生。"

突然，旁边一位演员上前跪倒，向宋高宗请示："陛下，这两个人应该马上被投进大牢。"宋高宗觉得很纳闷，便向这位演员询问原因。这位演员说："甲子和丙子都是生的，这不是和那个没有煮熟馄饨的御厨一样吗？应该马上投进大牢。"

宋高宗一听哈哈大笑，马上就明白了这群演员的用意，于是赦免了那个没煮熟馄饨的御厨。

这位演员巧妙地借助"馄饨生就应该下大狱"的前提，推导出另一个错误的论断——只要是"生"的，就应该被投进大牢。这个结论虽然看似无厘头，令人发笑，但这位演员利用婉转的语言和含蓄的表达达到了自己的目的，实在高明。

这就是"呆头呆脑"的功效，如果这位演员直言进谏为那个御厨鸣不平，恐怕救人不成，自己也会被投进大牢了。

一位外国友人参加"汉语知识大赛"，比赛要求在规定时间内，用汉语讲述一个完整的事件。这位外国友人这样描述："前不久，我去拜访一位中国朋友。中午吃饭的时候，他留我在家吃饭。我觉得做饭很麻烦，就婉言推辞了。我这位中国朋友说，只是在家随便吃一点儿，一顿便饭而已。我说，如果你要做就做一顿小便饭吧，大便饭做起来也挺麻烦的。"听完这位外国友人的描述，台下的观众笑得前仰后合。

这位外国友人真的不知道"便饭"是不能和"大""小"连用的吗？他真的不知道"大便""小便"在汉语中的含义吗？显然不是这样的，他故作"呆头鹅"，有意将违反汉语结构的词汇组合起来，制造歧义，把"大便""小便""便饭"联系起来制造幽默罢了。

在我国的相声艺术中，这种故作呆头呆脑来表达幽默的情况比比皆是。例如，《歪批三国》中，通过"既生瑜何生亮"的典故，推断出周瑜的妈妈姓"既"，诸葛亮的妈妈姓"何"；通过"子龙将军老迈年高"的话，推断出赵云是卖年糕出身；通过"无事生非"推断出张飞的妈妈姓"吴"等。这都是故意将自己装扮成文化较低的"呆头鹅"来制造出的幽默。

我们在交际的过程中，同样可以尝试一下这种形式，我们会发现，呆头呆脑有时候并不是一件坏事。

♥ 插话是一门学问

很多内心敏感的人，在聚会上，看到别人风风火火地聊了起来，生怕自己会被人遗忘，总想适时地插上几句话。

但是，要想插入别人聊得正兴起的话题中，看似简单，其实也是一门技术活，稍有不慎，就可能把别人的话题给打散了，让场面陷入尴尬。

任白是一家中型公司采购部经理的助理。虽然他只是助理，但负责的工作内容很杂，基本上算是采购部的半个经理了。任白因为工作能力较强，而且踏实肯干，也确实为身为采购部经理的杨辉分了不少忧。

杨辉经常有应酬，无非就是一些经销商想通过杨辉获得供货资格。当然，也有一些客户已经和公司达成了长期合作，之所以时不时请杨辉吃饭，是为了巩固感情，生怕一个不留神，这位"财神爷"就被别人抢了去。

一天，杨辉找任白前去参加一次合作谈判，这让任白既有些兴奋，又有些恐慌，生怕自己应付不来。

到了谈判场所后，双方客套了一番，杨辉就和那名经销商谈起了业务上的事。任白心想："让我来，我至少得起到一些作用吧，总不能这样干坐着当摆设吧？"

于是，他便想找机会插些话。

"你们的东西还是不错的……"

"的确，这个我最清楚了，你们的东西在我们公司还是颇受好评的，就是供货时间上总会有些偏差，我发现一些小规律，你听听看是不是……每到月底那几天，打电话让供货就慢些，有时还会拖几天，其他时间就稍好些，相对快速准时一些。"杨辉的话只说了一半，任白就抢着说了这么一大段话。

"小任，这位方总和我交谈过，主要是月底补货的公司太多，他们那边人手会很紧张。所以方总，这次的话……"

"对，这次我们不妨就这件事，好好谈论一下解决的方法，总这样也不是个事啊。"任白早就听杨辉唠叨过这件事，说再见到经销商的面，一定要好好说说这件事。所以，他想自己应该是说到点子上了。

"是是是，任先生说的是啊。我们那边会做改善，再增设一些人手，或是为贵公司指派专员，以确保准时到货。"

"哦，那我们杨经理就放心了。"

"杨总，您就放心吧。"

"嗯，我放心着呢。有小任在，我有什么不放心的。"

"哈哈，是啊，经理，有我在，您就放一百个心吧，这件事情我督促着。"任白不由得笑了起来，但他从那名经销商脸上读出了一些尴尬的味道。再看看杨辉，他把所有的目光全放在了一个菜上，拿着筷子漫不经心地夹了几口，嚼了嚼。

任白顿时感觉有一股凉意涌上心头，于是低声叫道："杨总？"

"嗯？怎么了？"杨辉一副恍然回神的模样，看看任白，又看看那名经销商，然后哈哈大笑着对任白说，"你们讲完了？那就暂时告一段落，先吃点喝点，再接着聊。"

几个人在一起时，谁也不想被晾在一边干坐着当摆设，看到他人兴致勃勃地聊着一些话题，想要上去凑一嘴，这也是可以理解的，属于情理之中。

然而，插话最忌讳的就是不分情况硬往里插，正如任白这样，领导在和对方的负责人谈话，而且是工作上的事情，他却强行插话，这肯定是不合时宜的。

虽然任白对工作上的事情并不陌生，可能常和对方公司的下属打交道，觉得自己插的话不会有什么差错，但是他没能考虑到杨辉作为经理的立场。

很明显，任白的插话喧宾夺主了，这会让杨辉觉得自己在对方负责人面前没面子，也会觉得自己像是任白的助理。

"嗯，我放心着呢。有小任在，我有什么不放心的。"这句话表现的便是一种潜在的不悦与不满情绪的发泄，但任白完全没有体会到，甚至还误以为杨辉是在夸自己，反而更加活跃地大表忠心。

其实，杨辉直到最后也没有直接翻脸，但那带来阵阵凉意的"沉默"便是对任白最好的提醒与教训，尤其是最后那句"你们讲完了？"更是表露了杨辉心里的不满与不悦。

从这个事例中，我们可以吸取一些教训，总结出一些经验：

1. 看清自己的角色，该沉默时便沉默

领导谈话时，秘书、助理等最好不要随便插嘴，在领导话题遇到"瓶颈"或尴尬时及时出来调解、救场就行。

2. 插话插两分

如果是陪客，即便是自己能插上嘴的话题，也要保留几分，不要把话全讲满了，让别人无话可讲。

3. 不发表决策

领导间相互交谈工作时，不要胡乱发表自己的看法，甚至乱说决策性的语言。

♥ 替别人解围，用钝感力化解对方的尴尬

人人都有虚荣心，尤其在遭遇尴尬时，我们都希望有人能站出来帮我们做出回应，转移注意力，替自己解围。换位思考，如

果在他人遭遇这种情况时，我们能冷静思考，果断出面，帮助他人缓解尴尬，使他人挽回颜面，那么我们一定会赢得当事人的尊重。问题是，我们如何做才能转移注意力呢？其实钝感力就是最好的方式。我们可以先看下面这个案例：

　　一家大公司招聘了一批新员工，公司老板为此特意召开了新员工见面会。会议一开始，老板对大家说："为了让我们彼此熟悉，我喊到名字的，本人就站起来答一声'到'。"当老板叫到"李华（huá）"时，全场一片安静，没人应答。

　　老板又叫了一遍，这时才有个新人怯生生地说："我叫李晔（yè），不叫李华（huá）。"顿时，人群中传出几声窃笑，老板脸上有些不悦。

　　就在这时，一名员工挠着头站起来装作难以启齿地说道："报告老板，我是打字员，是我的疏忽将员工名字打错了，对不起！"老板顺势说了句："以后注意点，别太马虎了。"然后继续念了下去。

　　实际上，这名员工并不是打字员，他也是一名新人，见到老板难堪，才以打字员的身份加上憨憨的表情试图替老板挽回颜面。不久之后，这名员工迅速得到老板的提拔，成为公司公关部门的经理。

俗话说"锦上添花易，雪中送炭难"，恰到好处的解围接话能起到雪中送炭的效果。案例中这名新员工适时地解围应答，缓解了老板的尴尬，同时赢得了老板的好感，也为日后职业发展奠定了一个良好的基础。但是，毕竟帮助别人解围属于突发状况，考验一个人的应变能力，如果在不能确定自己是否可以驾驭这个问题时，那么最好不要盲目替别人接话，以免适得其反。

在遇到答不上来或不想回答的问题时，怎样接话才能保证尊重对方呢？最实用的一个技巧就是转移话题。例如下面这段对话：

甲："听说前不久你生病住院了，是吗？得了什么病？病得严重吗？"

乙："你怎么哪壶不开提哪壶！"

甲的提问是出于对乙的关心，但乙接的话却让甲十分尴尬。对别人的问题如果不想接话或回答，那就转移一下话题，巧妙避开我们不想谈论的问题。例如可以这样接话：

甲："听说前不久你生病住院了，是吗？得了什么病？病得严重吗？"

乙："我这辆车该保养了，自从买回来后就没保养过。对了，我想起来了，上次你说要买一辆二手车，买了没有？"

甲："没买呢，车主开价太高。"

乙："他要多少钱？"

甲："要 8 万元，你说贵不贵？还不如买辆新车呢。"

乙："这个价位的确是高了点，再添点钱就可以买辆不错的新车了。"

这个接话方式就比上一个要好得多，因为这个人把自己不想回答的问题成功转移了。当然，转移话题最好是能找到两个人都感兴趣的话题，这样才能提高成功率。

那么，当你转移话题后，对方会不会察觉，会不会继续追问呢？

哈佛大学肯尼迪政治学院的托兹·罗杰斯与商学院的迈克尔·诺顿做过这样一个实验。在实验过程中，他们让参与者观看 4 分钟的政治辩论视频。视频分为两种，一种是直接回答问题，另一种是回答者有意避开原有话题，而是回答了一个相似的问题。每个参与者随机选择一种视频观看。

视频看完后，研究人员开始提问："你刚才的问题是什么？"结果令人吃惊，选择"回答相似问题"的人中，有 40% 的人回忆不起来刚才的问题，选择"直接回答问题"的人中，大约有 90% 的人记不起来刚才的问题。例如：

女朋友问："我穿这条裤子看起来很胖吗？"

这个问题怎么回答都不好，那么你可以试着转移话题，如这样回答：

"昨天买的裤子吗？在哪儿买的？这条裤子看起来不错，穿着一定很舒服。最近你想去哪儿玩？"

这样一连串的提问，不仅不会给对方追问的机会，还可以继续发挥，将话题转移得更远一些。

巧妙运用钝感力，移开话题，替别人解围，在大多数场合下，你会成为那个化解尴尬和救场的人，这样你不仅会赢得他人的尊重，更会赢得事业的提升。

♥ 从对方的角度思考才能实现共赢

众所周知，如果想让对方成为自己的朋友，那么你就要从对方的角度来思考问题，看对方希望交到什么样的朋友。也就是说，只有做到想人之所想，急人之所急，你才能交到真正的朋友。

在一次谈判课堂上，讲师给学员出了一道题目，要求学员自己和全班同学谈判，让每个人自愿走出教室。

第一个学员走上讲台，对全班的同学大喊道："我代表老师命令所有人都离开这个教室，马上！"结果，全班没有一个人走出教室。

第二个学员走上讲台，对大家说："现在我要开始打扫教室了，不想被弄脏的同学请离开！"结果一部分人离开了教室，还有一部分人留在教室内。

第三个学员想了想，走上讲台，没有说一句话，而是工整地在黑板上写道："各位同学，午餐时间到了，现在下课。"结果同学们争先恐后地向食堂跑去，很快教室里就空无一人了。

故事中第一个学员想通过权威来命令别人，结果以失败告终；第二个学员想通过威胁来说服别人，结果还是没有成功；第三个学员懂得避实就虚，从同学的心理着手，终于成功地把所有人"请"出了教室。

在与人沟通或者说服别人时，如果双方都能换位思考，那就是最好的解决办法。可是，一般情况下，大家都只会为自己着想，会想着"对方应该做什么"，而不是"自己应该做什么"。如果双方都这么坚持，那么交谈必然会陷入僵局。这时候，假如有一方能说类似"其实你说得也很有道理……"这样的话，那么僵局可能就会轻而易举地被打破。

在某一个时期，戴尔·卡耐基都会租用纽约一家餐厅的舞厅来举办几天的讲座。但时间久了，也许是餐厅觉得这是个挣钱的好机会，就提出要把租金提高两倍。但那段时间，讲座的票已经全部卖完，换地方不可能，改时间也不现实，可突然就要多付两倍的租金，戴尔·卡耐基也不愿意。于是，他找到餐厅经理进行了一次谈判。

戴尔·卡耐基说："我刚听说你们想把场地的租金提高两倍，听到这个消息我感到非常震惊。不过我理解你的做法，你的职责就是要让餐厅的利益最大化。不过，我是否可以和你借一张纸，我们来算一下，如果把场地租金提高两倍，它会给餐厅带来哪些好处，又会有哪些坏处？"

餐厅经理取来一张纸，戴尔·卡耐基在这张纸的中间画了一条线，在线的左边写了一个"利"字，在线的右边写了一个"弊"字。然后，在"利"这一边写下了"舞厅，提供租用"，接着对经理说道："若是这个舞厅是空闲状态，把它作为舞会或者会议使用，租金是要比我的讲座租金高很多。这对餐厅来说，肯定是非常有利的。

"接着，我们再来看一看它的弊端。最明显的弊端，就是你这段时间无法从我这里获得租金，而你临时想要找到这么多天连续租用你的场地的顾客，也不一定能找得到。如果你真的要提高两倍的价格，我肯定负担不起这笔费用，只能另找地方举办讲座了。

"另外，对餐厅还有另一个弊端。因为我的讲座来的都是有知识、有文化的人，这些人的到来，对饭店本身来说就是一个很好的宣传，而且这个宣传是免费的。你即便在报纸上花大价钱做宣传，效果也不一定会比我的讲座来得好。这对你们而言，难道不是一笔更大的财富吗？"

戴尔·卡耐基写下了这一利两弊后，把纸折好，交给了经理，说道："希望你能认真地考虑一下，然后告诉我你最后的答案。"第二天，卡耐基就收到了餐厅经理的回复，答应把租金只提高一倍，而非原来的两倍。

从戴尔·卡耐基的这个案例中我们可以看出，卡耐基在和餐厅经理的沟通过程中，一句也没有说如果场地租金提高对自己有什么损失，而是一直站在对方的立场，算着租金提高两倍后，餐厅会遭受的损失。最后，经理也从中看到了利弊，答应降低租金。而卡耐基虽然没有达到还按原价来租用场地的目的，但也接受了提高一倍，而不是坚持一点儿也不肯提高。这就是让双方都得到了利益，也就是最理想的结果。

可见，要想有效实现共赢，就应当适当站在对方的立场上去思考问题，去说话，进而促成谈判。千万不可过于贪心，完全置对方的利益于不顾，言辞之间都只顾着自己的利益。

在商场上，我们要想赢得一个客户，就更要想他之所想，弄清楚他真正想要的是什么。若是想要服务，我们就给予他最好的服务；若是想要低廉的价格，我们就拿出最大诚意来表示自己的合作意向。只有在了解了对方的想法之后，我们才能做出更好的回应。我们要想做成生意，就要尽量从对方的角度出发，让对方体会到我们为其考虑的苦心和诚意。即便仍有些不尽如人意的地方，他们也会因为我们的真诚态度与我们达成最终协议。

总之，我们如果能从对方的角度考虑问题，就能更好地满足对方的要求，从而达到我们的目标，实现共赢。

♥ 交际钝感，帮你积攒"人情银行"

很多人在交际中很敏感，和谁做朋友都得深思熟虑，看这个人对自己是否有价值。而当别人可能会麻烦到自己时，更是想尽办法远离。这样敏感的人，很难真正交到朋友。一个人只想着如何从别人身上获取，而不想着如何帮助别人，便难以积攒下人情。做人需要钝感一些，在交际中更是如此，唯有钝感了，才能在帮助他人时不计较是否有回报，也才能真正做到古人说的：与人为善，才能与己为善。如果你的"人情银行"里没有储蓄，那么你很难取款救急，那还不如提早做好打算，储蓄人情。这就是说，帮助别人就是在帮助自己。

如果你想要在商场生存下去，就要扩大自己的人脉圈，就要先学会真诚待人——如果你能拿出自己最大的诚意来，那么你将能得到别人最大的回报。所以，看到对方有困难，你一定要尽力去帮。如果你为对方雪中送炭，那么他会牢记一生。

帮助别人是一种快乐，也许你未必能够及时得到对方的回报，但至少当时你得到了来自他的那份感激。总之，你在帮助别人的同时也是在帮助自己。

此外，你要记住：当你得意时，对方能与你在一起，那不一定是朋友；但当你失意时，对方还能继续陪在你身边，那就是真正的朋友，值得一生相交。

在电视剧《虎妈猫爸》中，毕胜男在弱肉强食的职场中夺得一席之地，坐上了总监的位子。她手下有个叫黄俐的实习生，名牌大学毕业，性格好强，一心想要超越毕胜男。

黄俐到公司报到那天送给毕胜男一瓶名牌香水，可没想到的是，毕胜男是个做实事的人，根本不吃这一套，还教训了她一顿。有一次，黄俐在办公室听见毕胜男和伍姐聊天，说起自己的糟心事——原来毕胜男一心想让女儿去第一小学上学，可她害怕女儿考不上，就跟伍姐打听认不认识什么人。

黄俐认识第一小学的主任，就凑过来说自己能帮上忙。毕胜男一听特别高兴，从此对黄俐特别好，介绍她认识自己的客户，给她总结职场经验。可后来黄俐听说老板的儿子也想上第一小学，于是她就转头帮助了老板。

毕胜男知道这是无可奈何的事，就让女儿晚上一年学，在家里复习功课，为来年的应考做准备。

自从黄俐帮老板搞定了孩子上学的事，老板就对她特别器重，把一些重要项目都交给她做。可是黄俐并不满足，她想要得到毕胜男的位子，而捷径就是用手段把毕胜男拉下马。

黄俐很聪明，她挑拨老板和毕胜男的关系，让老板对毕胜男心生不满。虽然毕胜男识破了黄俐的阴谋，但是她觉得女儿的事情更重要。由于公公婆婆溺爱孙女，不利于女儿成长，所以她决定辞掉职务，回家好好照顾管教女儿。

一年后，毕胜男的女儿如愿考上了第一小学，所以她重新找了一份工作，做回了有霹雳手段的"母老虎"。可是冤家路窄，在和一家饮品公司合作时，毕胜男居然再次被黄俐诬陷。

经过这件事情后，毕胜男觉得很失望，她觉得自己就像《农夫和蛇》里的农夫，而黄俐就是那条忘恩负义的毒蛇，所以她决定举报黄俐，让黄俐受到应有的惩罚。可是，当毕胜男发现黄俐怀孕后，她心软了，再次饶了黄俐。

一年多后，毕胜男和杜峰辞职，合作创业种植有机蔬菜。由于事业刚刚起步，他们缺乏一个扩展市场的能手，这时，毕胜男想到了黄俐。虽然黄俐两次陷害自己，但是她的确有实力，于是，毕胜男向黄俐抛出了橄榄枝，不但给她合理的薪资，还不要求坐班，让她有时间照顾孩子。

黄俐非常感动，她为自己之前的行为感到抱歉，并在以后的日子里竭尽全力地帮助毕胜男。很快，有机蔬菜就打开了市场，公司效益也有了明显提高。

做好事能够让你受益无穷，这个故事就是最好的例证。所以，帮助别人就等于是在给自己拓宽人生道路，为自己积攒人脉。

好人有好报。在这个世界上，怀抱感恩之心的人还是占多数，别人得到了你的帮助，就会记住你的恩情，当你陷入困境的时候也会得到他们的帮助。

♥ 用钝感力打造完美亲和力

一个人若是有钝感力，对谁都不敏感、不计较，那么这个人见到谁脸上都会保持真诚的微笑，而这种微笑也最能给人带来亲和力。这种亲和力，会让一个人散发出让他人喜欢、赞赏的吸引力。亲和力在社交中非常重要，它能凝聚交往双方的力量，为你建立和谐的人际关系。

无论是在职场竞争中，还是在商业谈判中，抑或是在与异性的交谈中，具有亲和力的人总是能获得更大的优势。努力打造你的亲和力，可以为你带来好人缘。

张甜甜是一个非常有亲和力的人。当时，公司里有一个合作项目，需要张甜甜所在的公关部与对方洽谈业务，可是部门领导刘经理跑断了腿，合作还是没谈成。这个任务到了张甜甜手里，令人意外的是，她接受任务的第二天就顺利搞定了。

合作公司负责人对张甜甜的部门领导说："你们公司的小张真是太有亲和力了，她那张真诚和甜美的笑脸给我留下了很好的印象，其他人可没有她那样的亲和力呀。"

对此，刘经理专门为张甜甜的事情开了个会——他希望公关部的每个员工都要好好打造自己的亲和力，以便赢得更多的好人缘，取得更好的业绩。

刘经理说："没有人会拒绝一张亲切的笑脸，小张亲切的笑容感染了对方。事实上，即便对方最初态度很冷淡，你的笑容也可以影响他，让他觉得跟你很投缘。小张的笑脸就是她亲和力的表现，有了亲和力，就能获得更多的人缘。"

亲和力是你获得更多人缘、维护良好交际的法宝。亲和力体现在诸多方面，比如真诚和善、态度谦恭、集体意识强、能与人同甘共苦等。

亲和力在人与人沟通时能充分体现其作用。具有亲和力的人，一般都能掌控人际交往，占据优势地位，同时更容易被对方认可。这是因为，这种人在交际中很容易吸引和感染对方，他的真诚、友善会打动对方，令对方感到亲切，从而影响对方也采取相同的态度对待他。

相反，一个人在与人交往时如果表现得傲慢、冷漠并充满敌意，那么就会使人感到不愉快，时间久了，其他人也不愿意与他交往。若是一个人在交往中表现得羞涩、唯唯诺诺，这也不是亲和力。因为，亲和力不是退让，不断地退让并不能保证交际顺利进行。

拥有开阔的心胸是打造完美亲和力的方法之一。宽容的气度可以减少不必要的矛盾和冲突，营造舒适的交际环境，维护人际关系的和谐。

胡锋人缘好，朋友多，大家都觉得他为人处世非常得当，有一种超凡的气度。一次，有一个哥们儿因为嫉妒胡锋的好人缘，跟胡锋的朋友郑钧说了胡锋的坏话，想破坏他俩的关系。

郑钧把这件事原原本本地告诉了胡锋，他觉得胡锋一定会骂那个人，并当面对质。胡锋听后，淡淡一笑，说："我俩做朋友也不是一天两天了，如果你信他的话，那今后就不用再跟我往来；如果你还信我，那我们就仍然是朋友。"

郑钧听后，非常惊讶，原来胡锋竟这样胸怀开阔——别人在背后中伤他，他居然能坦然自若。

胡锋接着说："大家都是朋友，何必无中生有地把关系搞得这么紧张？如果当面说破了，你失去了朋友的信任，我与你断了缘分，对谁都不好。"

郑钧听后，非常佩服胡锋的气度。

其实，胡锋能够跟朋友始终保持和谐的关系，很大程度上得益于他的宽容大度，从不斤斤计较。

谦恭和善的姿态是打造完美亲和力的方法之二。拥有一副谦恭和善的姿态是对别人的尊重，也是对自己品行的要求。这种态度平易近人，可以迅速拉近你与对方的距离，提升交际的融洽度。

用笑容感染对方是打造完美亲和力的方法之三。亲切的笑容是你留给对方最好的第一印象，在交谈中能起到抛砖引玉的作用——只要粲然一笑，你就会赢来好人缘。

得体的话语是打造完美亲和力的方法之四。话语不在于多少，而在于贴心、暖心，能说到人的心窝里去——这样可以使对方产生情感共鸣，从而创造出和谐的交谈氛围。

真挚地关心对方是打造完美亲和力的方法之五。在交际中，只要你投入了真挚的关爱，对方的心就会被温暖起来——这样你们就会有更深入的交流，感情会越来越近。

打造完美亲和力至关重要，这不仅会给你带来更多的好人缘，也会为你人生的成功铺好路。

第 七 章

小事上多一些钝感力，

把专注力放在大事上

♥ 烦琐的小事别太敏感

生活本身就是琐碎的，柴、米、油、盐、酱、醋、茶组成了平凡的每一天，而这些鸡毛蒜皮的小事也构成了我们的生活。有的人在面对这些事情的时候能够泰然自若；而有的人却经常将这些鸡毛蒜皮的小事无限放大，甚至为此付出更大的代价。

我的朋友小红从事教育和培训行业多年，对人的性格也有一些了解。在教育子女方面，她经常说，遇事不要着急，小事就当没事处理，大事就当小事处理。

有一次，小红正在卧房整理培训材料，突然听到厕所里传来女儿尖锐的喊声，她连忙冲过去，发现女儿垂头丧气地站在洗手台面前，像只落汤鸡一样，衣服上的水一直滴个不停。

小红又好气又心疼地问道："出什么事了？你怎么把自己弄得浑身都是水啊？"女儿指了指头顶上的喷头，生气地说道："我本来想打开水龙头洗一下拖把，没想到打开的却是淋浴的喷头，真是倒霉透顶了，弄得我浑身湿乎乎的！"

一连大叫了好几声"我好烦"之后，女儿黑着脸对小红说："妈，你让开，我要去换件衣服！"听了女儿的话，小红顿时把眉毛挑得老高：这丫头，怎么这么毛躁，明明是她自己惹的倒霉事，怎么还好意思把怒气迁到我身上？

等女儿换完衣服后，小红立马把她叫到了书房。女儿显然还没从刚才的倒霉事中走出来，一张小脸皱成了一团，写满了郁闷和不悦。

"你平时就是这么处理问题的吗？遇到这么点儿鸡毛蒜皮的小事，就暴躁失控，一点儿也不冷静。"小红心平气和地问道。

"这么冷的天，喷头里的水很凉啊！"女儿压根儿就没有意识到自己的错误，还嘴硬地跟小红争辩。

"那我再问你，你打开的为什么是淋浴的喷头？"小红步步进逼，决定给女儿好好地上一堂课。

这下子，女儿词穷了，傻愣愣地站着，一言不发，神色有点后悔。

"不是你倒霉！这件事压根儿就是你自己不小心，你在打开水龙头之前没有检查一下，一不留神就打开了淋浴的喷头！"小红毫不客气地指责她做事粗心。

看着女儿默不作声的样子，小红继续严肃地说道："遇上倒霉事并不可怕，可怕的是你在倒霉事面前不能够冷静思考，把小事放大成了大事！"

"对不起，是我错了！我下次再也不这样了。"女儿还算聪慧，在小红的引导之下，她总算明白了话里的意思。

自从这件事之后，女儿的性情况稳了不少，遇到一些鸡毛蒜皮的小事，她不再咋咋呼呼、怨天尤人了。看到女儿处事方式的转变，小红感到非常开心，因为，在小红看来，一个人遇事能冷静思考才是智者的表现。

英国诗人莎士比亚曾说："谁能够在惊愕之中保持冷静，在盛怒之下保持稳定，在激愤之间保持清醒，谁才是真正的英雄。"当我们遇到鸡毛蒜皮的小事时，不妨先冷静思考，将清脑海中纷乱的思绪，让慌乱不安的心镇定下来，以清醒客观的态度去面对问题，努力找出解决问题的方法，将当下的损失降到最低。

冷静思考，其实就是人们常说的"冷处理"，让矛盾钝化。遇到倒霉事，我们务必先把它带给我们的困扰放在一边，尽快让自己的心情平静下来，然后积极地寻求解决之道，减少错误的发生，而不是任由自己陷入暴躁、烦闷、悲观的情绪中无法自拔。

把鸡毛蒜皮的小事放大是敏感人的"天赋"。比如，有一个敏感的人，在上班时遇到堵车，在车流还未前进时，他就非常着急，总是想着："这次肯定要迟到了，迟到了扣奖金不说，领导还要批评我一顿，说不定年终奖就没有了。如果我平时在他眼里的印象不好，说不定他就会找个机会把我开除了……"

其实，上班迟到是一件再小不过的事情。如果员工是因为特殊情况而堵车，完全可以跟领导讲清楚。一个再不通情达理的领导也不会因为一次迟到就开除自己的员工。

其实，生活本就是由无数鸡毛蒜皮的小事组成的，如果我们将鸡毛蒜皮的小事放大成令人心急的大事，那么当我们真正遇上那些大事时又怎能保持冷静呢？

所以，遇事千万不要敏感，学会钝感一些，多想一想好的方面，把大事当小事看，把小事当没事看，这样，人才能活得更加轻松一些。

♥ 学习钝感，讷于言而明于心

很多人内心敏感，那是一种不良的心理特质。但世界上的人有千千万万种，有如上面所讲的敏感之人，当然也有钝感之人。我们经常能够注意到，那些钝感的人反而会比敏感的人过得要开心一点儿，他们看不明白领导的眼神，分不清他人言语的一语双关，更看不出有心计之人的步步为营，像"聪明人"口中的白痴一样，大大咧咧、没心没肺、傻乎乎地活着。

这些迟钝的"傻子"看上去虽然吃亏了，但是容易博得别人的好感。雷锋一生甘愿做"傻子"，却一直被人们纪念。阿甘是"傻子"，却是全美国人学习的榜样。"傻子"真诚，跟他们在一起，我们没有压力；与他们共事，我们不用设防；和他们喝酒，我们可以畅饮狂言，他们也不会责怪我们。

在如今这个信息化社会中，更多的人认为获取信息很重要，害怕自己领悟得比其他人慢，从而失去更多的机会，所以要时刻保持和追求"敏捷""敏锐"。但是，如果生活之弦绷得太紧，人就会一直处于高压状态之下，精神过于专注的事情太多，必然会被这些压得喘不过气来。

同时，心思过于敏感的人在人际交往当中也会碰壁，太在意别人做的事，过分解读别人的话，这都会造成不必要的误解。如恋爱中的人，早上没接到问候电话就会非常生气；在办公室中，某个人不小心关门的声音重了些，他们也会在心里琢磨一会儿，这样做的用意是什么，我得罪他了吗？这类人，感觉神经特别灵敏，人家不在乎的、不关心的事，他们都能"研究"出一个长篇的道理。试想，我们每天与那么多的人和事打交道，若都要如此地去观察、去琢磨，心会有多累啊！

所以，我们不妨学一学钝感的人，讷于言；学一学聪明的人，明于心。也就是心里明晰，但嘴上不说，用最单纯的姿态去处理事情，让双方都有一个喘息的空间。

叶婷是当地小有名气的女企业家，她刚刚过完 40 岁的生日，现已拥有了一家生意兴旺的公司。她衣着简单得体，待人宽宏大方。大家都非常愿意和她相处，做生意时也会觉得与她合作很愉快，因此在同行中的口碑也是特别好。

曾有记者访问叶婷，问她："您有如此傲人的成绩，而且还那么年轻，请问您经商和保持青春的秘诀是什么？"

　　叶婷笑笑说："大概是因为我没有烦恼吧！"

　　"怎么可能呢？管理企业遇到的事很多，您要应对各种各样的人，您是怎么做到没有烦恼的呢？"

　　"以前，我是为鸡毛蒜皮的小事烦恼过。"叶婷回忆道，"那时候，男友说我是不是又吃胖了，我都会烦恼得睡不着觉，甚至会以为他不爱我了，我一度对什么事都很敏感。后来，我爸爸因车祸去世了，我忽然发现自己看开了世间的烦恼，从此变成了一个快乐的人。

　　"我爸爸30多岁就开始创业，50岁时也是一个大老板了。他车祸去世前几天，正为公司少了一笔20万元的账而烦恼。那天，他把会计的账本拿出来瞧，管账目的人是他的合伙人，因为这一笔账去向不明，他开始质疑多年来合作的朋友是否一直有问题。因为这笔钱我爸爸夜不能寐，睡不着后他就开始喝酒，有一天应酬到很晚，又喝了酒，最后就出了车祸。

　　"他走了之后，我妈妈处理他的后事时发现，他的合伙人只不过把这个公司的20万元挪到一个子公司用，不久又挪回来了。没想到的是，这笔钱竟然成了我爸爸离开的导火索。从我爸爸身上，我得到了这一教训，不要制造烦恼，不要自找麻烦，就以最单纯的态度去应付事情本来的样子。"

叶婷在经历了失父之痛后，明白了以最单纯的态度对待每件事，这其实就是一种智慧。在生活当中，有太多令人烦恼的事情，假如事事较真、事事敏感，那么我们的精神迟早有一天会崩溃。因此，我们还不如做一个脑袋清楚嘴巴不乱说的人，只要不说、不表现出来，就给了双方一个缓和的机会，因为谁也说不清我们的敏感到底是对的还是错的。

♥ 放下敏感的心，不去计较公平与否

自古以来，人们就不患寡而患不均，很多人都觉得天地之间必须遵循公平合理的原则，因而他们常常在生活中发出抱怨，觉得"这不公平""我没有得到平等的对待"。诸如此类的抱怨除了使人们内心更加敏感和愤恨之外，根本于事无补。尽管人们常说人生而平等，但其实这个世界上没有绝对的公平。人生之中每天都在发生各种不合理也不公平的事情，很多意外的事故更是猝不及防就出现。对于那些含着金汤匙出生的人，也许我们穷尽一生也无法达到他们出生时的起点，但这并不意味着我们要放弃努力，更不意味着我们要放弃生命。我们并不认为追求公平这件事本身有什么错，但如果我们遭受到不公平的待遇或者遇到不公平的事情，内心就愤愤不平、充满怨恨，那么我们的人生必然会遭

受更大的伤害。

尤其是那些脆弱敏感的人，他们总是把公平挂在嘴边，殊不知这个世界上根本没有绝对的公平，所谓的"公平"，只是相对而言的。

很久以前，有一个年轻人怀才不遇，他的生活和工作都颇为不顺，为此他郁郁寡欢，来到深山里寻找智者点拨自己。年轻人向智者抱怨道："这个世界上根本就没有公平可言。我想要得到一份好的工作，我非常努力，每天都抱着简历四处奔波，却始终得不到他人的认可。而我那些同学，或是家里有钱，或是有关系，他们只需要带着钱和礼物去见那些关键人物，就能轻轻松松地得到好工作。我不知道，为何命运对我如此不公平呢？"听了年轻人的讲述，智者不由得笑起来。他问年轻人："到底什么叫公平呢？你对于公平是怎么理解和定义的呢？不如你把'公平'两个字写给我看一看吧！"年轻人非常迷惑，不知道智者为何提出这样的要求，但是他依然在纸上公公正正地写了"公平"二字。

智者拿起年轻人写好的字端详，指着"公平"二字问年轻人："'公平'二字原本就不公平，写好'公'字需要四笔，但是写好'平'字需要五笔。由此看来，公平都不公平了，我们又何必追求绝对的公平呢？"年轻人顿悟。

这个世界上原本就没有绝对的公平，所有公平都是相对而言的，虽然人们常说只要付出就会有收获，实际上付出与收获非但不成正比，而且有的时候哪怕付出了，也未必会有收获。细心的人会发现整个大自然都在一个食物链之中，诸如大鱼吃小鱼，小鱼吃虾米，虾米吃烂泥，这难道公平吗？当然不公平，然而正是这样的不公平维系着大自然中的生物链保持整体的平衡状态。人类社会也和大自然一样，处于顶端的必然是能力很强的人，处于底端的则是能力比较弱的人。我们无法用公平来评判命运，就像有的地方会突然发生地震或者火灾，有的地方却平安无事一样。对于他人的优秀、美丽、聪明和健康，我们哪怕不如他人，也要接受并且给予他人赞美，否则，如果我们心中始终愤愤不平，想不清命运为何独不偏爱自己，那么我们的人生会更加痛苦。其实每个人都有自身的优点和缺点，我们不但要看到他人的优势，也要看到自己的长处，这样才能获得心理上的平衡。

　　如今我们生活在和平年代，每天都过着幸福快乐的生活，却因为生活和工作的巨大压力而感到怨恨，殊不知这个世界上还有很多国家正战火连天，那里的人连生命安全都不能保障，也没有充足的食物，更别说能够平安地生活和工作了。对于个人际遇来说，这当然不公平。就算是在比赛的过程中，那些规则也是人制定的，也不可能完全公平。再说说每个有孩子的家庭都密切关注的高考，虽然高考的确有不合理之处，但迄今为止高考依然是相对公平的选拔方式，也能够照顾到绝大多数孩子的利益。所以，虽然多年来人们都呼吁专家和教育学者注意到高考的诸多不合理，但是高考依然存在，并且做到尽量公平地对待每一个孩子。

在任何情况下，所谓的"公平"都只是相对的。真正聪明的人不会追求绝对的公平，而是坦然接受相对的公平，让自己的人生维持一定的平衡。毕竟人生中总是充满各种琐碎的事情，而保持平衡才是最重要的。我们虽然每天都要生活在不公平之中，但是只要内心淡定从容，保持端正的态度，避免因为一味地追求公平而心理失衡，就能坦然地面对人生。很多敏感的人在面对不公平时，总是愤愤不平，其实这除了使自己陷入苦恼无法自拔之外，根本起不到任何好的作用。我们与其抱怨外界不公，不如扪心自问自己是否已经做到最好。如若不然，我们就应该努力平衡自己的心态，以适应无法改变的客观存在。

大学毕业后，张强就进入现在的公司工作。他认真努力对待工作，始终兢兢业业。然而，5年之后，和张强同期进入公司的人都得到了晋升或者加薪的机会，他却始终没有得到晋升的消息。张强觉得，自己已经全力以赴了，老板为何总是不赏识自己呢？他不知道问题出在哪里，因而郁郁寡欢了很久。

一天，张强和久未见面的同学碰巧遇到了。他们非常热络地闲聊起来，还约了一起吃晚饭。闲谈之中，张强谈起自己现在的尴尬处境，同学正好在某公司人力资源部担任负责人，因而他问张强："对于那些晋升的人，你觉得他们和你有哪些不同呢？"张强摇摇头说："我觉得他们和我都差不多呀，我们一起进入公司，按道理来讲，我们学历相当，经验也不相上下，我想不明白为什么老板要偏爱他们。"这时，同学拿起餐桌上的一粒花生，将其放到盛放着许多花生的盘子里，然后，同学让张强把那粒花生找出来。张强接连摇头："怎么可能呢？这些花生都长得一模一样，我根本找不到刚才的那粒花生。"同学不由得笑起来，然后又拿起桌子上的一颗瓜子放入装花生的盘子里。这时，同学让张强把瓜子从盘子里找出来，张强轻而易举就拣出了瓜子。张强纳闷地问："你在卖什么关子呢？"同学笑着说："看看吧，如果你是一粒花生，那么在装花生的盘子里，你肯定一下子就找不到了。但是如果你把自己变成一颗瓜子，在装花生的盘子里，你就会非常醒目。当然我并不是想让你把自己从花生变成瓜子，而是告诉你，当所有人都是沙砾时，如果你能成为珍珠，那么你一定会璀璨夺目，那些关键的大人物也会一眼就看到你。所以不要再抱怨，也许那些得到晋升的人的确有着过人之处，而你现在要做的是发展自己的核心竞争力，让自己成为璀璨夺目的珍珠，这样你离出头之日也就不远了。"

在现实生活中，很多人都只看到表面现象，就像事例中的张强一样，他只看到其他人和他同时进入公司、学历相当且经验也相差无几，却没有看到他人身上的闪光点。大多数情况下，问题是出在我们自己身上，与其浪费时间抱怨老板的不公平，不如静下心来努力反思自己，客观公正地评价自己。一旦发现问题出在自己身上时，我们就要勇敢地放下斤斤计较，以平常心对待不公平的待遇，从而积极地提升和完善自己，把自己从沙砾变成珍珠。这样，我们也能一下子就进入他人的视野，以极高的价值得到他人的认可和赞赏。

没有人的人生会是一帆风顺的，大多数人难免会遭遇不公平，也会因此内心失衡。然而，真正的智者知道这个世界上没有绝对的公平，对于那些不公平的事情他们会选择平静理性地对待，理智从容地完善自我。

♥ 摆脱不完美焦虑症

不知道读者朋友是否听过一种症状——"不完美焦虑症"。有"不完美焦虑症"的人大多是因为他长期太过于追求完美，生活在一个追求完美的环境中。为了避免失败，他将目标和标准定得完美无缺，不允许自己有一点点失误，把"追求完美"当成习惯，把注意力更多地放在了害怕不能完美的现实上，并由此疑神疑鬼，胡思乱想，最终搞垮自己。心理学又把这种现象称为"消极完美主义"。

消极完美主义的思维方式，其目的是保护自己，害怕由于自身缺陷得不到别人的尊重，从而钻了牛角尖。他们从错误的观念出发，因为过度看重某个问题而失去了更多东西。

大部分时候，消极完美主义者会在自己所在领域取得不错的成就，维持集体或团队的表面和气。别人做到完成就好了，他们非要把事情做到极致。别人做到1，他们怎么也要努力做到4或5。

但是通过深层次沟通，你会发现他们匪夷所思的观点。他们看问题一般都认为只有两面，比常人更容易走向极端。他们一旦认定了一个事实或是下定了决心，就会对其他相反的意见变得相当神经质，在这个时候，用"冥顽不化"来形容他们都不为过。

2010年，在达伦·阿伦诺夫斯基执导的影片《黑天鹅》中，女主角妮娜是一名出色的芭蕾舞演员，她在舞台上的精彩演绎堪称完美。在一场盛大的演出中，她极力争取到了天鹅王后的角色，被要求分别饰演纯真无瑕的白天鹅与魅惑邪恶的黑天鹅这两种完全对立的角色。追求完美主义的妮娜能够将白天鹅演绎得十分出色，却始终无法演好黑天鹅，因为她不能接受邪恶的自己。虽然导演一再强调，让她尽量释放自己，轻松地去饰演，但她想到自己将与"邪恶""黑暗"等词挂钩，就不由得会产生紧张和焦虑的情绪，为此，她还常常惩罚自己，甚至自我摧残。

为了能够完美诠释黑天鹅，妮娜一度处在精神崩溃的边缘。她不断节食，身体越来越消瘦，甚至吸食大麻，放纵情色肉欲，完全颠覆了之前高雅端庄的"乖乖女"形象。

经过一番颠覆性的煎熬折磨之后，妮娜的付出也终于迎来了收获。她开始在舞台上尽情地释放自己，成为一只冶艳而魅惑的"黑天鹅"，她的表现也得到了导演的极力认可。然而，即便如此，她还是觉得自己不够优秀，她开始对周围人对她的评价产生猜忌，并断定她的竞争对手正在策划一场阴谋，以夺取自己好不容易得来的天鹅皇后的角色，而一旦她的表现出现丝毫差错，那个竞争对手就会取代她。面对这样的情况，妮娜只能对自己提出愈来愈严苛的要求，甚至到了疯狂的地步。这一切使她精神严重错乱，最终她陷入了充满幻觉与妄想的世界当中。

尽管在最终呈现的影片中，妮娜达到了艺术的巅峰，她成功出演了白天鹅与黑天鹅两种截然相反的角色，但是她也付出了无比惨痛的代价——最终她患上了严重的幻想症，昏死在了她毕生热爱的舞台上。

像影片中妮娜这样过度强调十全十美的名人并不少见，他们曾是所在领域的耀眼明星，却在事业的巅峰阶段选择了离开。造成这个凄惨结局的原因之一就是他们极力追求的完美主义。尽善尽美是处事认真的一种体现，但过度追求完美，很容易导致心理失衡，从而患上严重的焦虑症。

从某种意义上说，他们的完美主义已经失去了"完美"本身带来的积极意义，甚至变成了自我成长的黑暗枷锁。在心理学上，像妮娜这样"自我毁灭"的人，会被认为是患有严重的"不完美焦虑症"。他们一般会表现得过度谨慎、害怕出错、过分在意细节和讲求计划性等，对于来自他人的评价表现得过于敏感。

德国大文学家歌德曾说："谁若游戏人生，他就一事无成；谁不能主宰自己，便永远是一个奴隶。"就一般人而言，对自己没有高标准的要求，缺乏自控能力，一般不容易实现自己既定的人生目标，难以获得家庭的幸福和事业的成功，其情绪也容易受外来因素的干扰，这种人的行为与人生目标是反向而行的。

每个人都要记住，再美的钻石也有瑕疵，再纯的黄金也有不足，世间万物没有又纯又完美无瑕的，人也不例外。我们每个人都不可能一尘不染，在道德上、言行上不可能没有一点儿错误和不当。人总是趋于完美而永远达不到完美，我们不必对自己和别人提过高的不切实际的要求。

俗话说："金无足赤，人无完人。"如果一个人不敢接纳自己的不完美，这个人的心理就很有可能会出现问题，所以，放下自己的心理负担吧，缺点没什么大不了，努力改正不就可以了吗？

何必耿耿于怀，何必折磨自己呢？一个人如果足够自信并且能直面自己缺点的话，他就会显得格外可爱。

♥ 去繁就简，过一种快乐而又纯粹的人生

一位哲学家说过，当生活中有一种选择的时候，我们的内心是平静而快乐的，但是可供选择的事物一旦多了起来，生活就多了许多烦恼。这些烦恼主要源于人们在众多选择面前患得患失的敏感心理。关于此，有人曾说过："生活应该简单些好，面对的选择越多，就越让人痛苦！所以，在做事情的时候，要追求单一的目标，这样才能将精力放在当下，从容地前行！"他是在告诉我们，在生活中，无论做什么事情，只有追求单一的目标，才能使自己更专注于当下，才能使自己少些选择的痛苦和烦恼。

有这样一则故事：

森林中生活着一群猴子，每天当太阳升起时，它们会从洞中爬起来外出觅食。当太阳落山时，它们又自觉回洞中休息，日子过得极为平静和快乐。

一天，一名旅客在游玩的过程中，不小心将手表丢在了森林中，猴子童童在外出觅食的过程中捡到了。聪明的童童

很快就搞清楚了手表的用途，于是，它就自然地掌控了整个猴群的作息时间。不久后，它凭借自己在猴群中的威信，成为猴王。

聪明的童童意识到是这块手表给自己带来了机遇和好运后，它每天就利用大部分的时间在森林中寻找，希望可以得到更多的手表。功夫不负有心人，聪明的童童终于又找到了第二块、第三块手表。

但出乎童童意料的是，得到了三块手表，反而给它带来了麻烦和痛苦，因为每块手表显示的时间不尽相同，童童根本不能确定哪块手表上显示的时间是正确的。猴子们也发现，它们每次来问时间的时候，童童总是支支吾吾回答不上来。一段时间后，童童在猴群中的威望大大下降，整个猴群的作息时间也变得一塌糊涂，最后，大家愤怒地将童童推下了猴王的位置……

拥有一块手表，可以明确地知道时间，而得到了两块甚至更多块手表却会使自己迷失，给自己带来无尽的烦恼和痛苦。由此我们不难看出，得到的不必要的东西越多，痛苦和烦恼就会越多。

《圣经》上说，上帝因一个简单的心思，只是用简单的泥土造就了我们，而我们为何要去追求无谓的繁杂，终将自己置于痛苦之中呢？选择越多越痛苦，而这些"令我们痛苦的更多的选择"就是我们内心追求过度的结果。为此，哲学家说："因为人的欲求不止，所以，生命是一个不断作茧自缚的过程。"同样地，行为心理学家也指出："与其说人的行为是受一定的原因支配，不如说它更受人生的一系列目标或人生的一系列目的支配。"在达到目标的过程中，人总要面对各种各样的选择，不同的选择达到的目标结果不尽相同，人生也有可能会由选择而发生变化。所以，为了使目标结果更完美，在选择的过程中，人们必然会仔细斟酌、细心掂量。为此，烦恼就产生了，混乱的生活状态也就开始了。

我们要想从这种混乱、痛苦的状态之中走出来，就要勇于舍弃，使生活归于简单。舍弃那些扰乱我们心智的"更多的选择"，过一种简单的生活。

有一位诗人，为了追求心灵的满足，不断地从一个地方辗转到另一个地方。他的一生都是在路上、在各种交通工具和旅馆中度过的。当然这并不是说他自己没有能力为自己买一座房子，这只是他选择的生存方式而已。

后来，由于他年老体衰，有关部门鉴于他为文化艺术做出的贡献，就免费提供给他一所住宅，但是他拒绝了。理由是他不愿意让自己的生活有太多"选择"，他不愿意为外在的房子、物质等耗费精力。就这样，这位独行的诗人，在旅馆和路途中度过了自己的一生。

诗人死后，朋友在为其整理遗物时发现，他一生的物质财富就是一个简单的行囊，行囊里有供写作用的纸笔和简单的衣物；但是在精神方面，他给世人留下了数十卷极为优美的诗歌和随笔作品。

这位诗人正是勇于舍弃了外在的物质享受，选择了一种简约的生活方式，最终才丰富了精神生活，为人类精神文明做出了巨大贡献。他的人生是一种尚简的人生，排除了太多不必要的干扰，去除了太多来自欲望的压力，所以他才获得了一种快乐而又纯粹的人生。

　　我们要想过一种幸福而快乐的生活，就不能使自己背负太多的选择，像诗人一样，学会去繁化简，将生活简单化，这样才不至于使自己在众多的选择面前无所适从。

　　正如尼采所说："如果你是幸运的，你只需有一种道德，而不要贪多，这样，你过桥更容易些。"正如一台电脑一样，在其系统中安装的应用软件越多，电脑的运行速度就越慢，并且在电脑运行的过程中，会不断产生大量的垃圾文件、错误信息，若不及时清理掉，不仅会影响电脑的运行速度，还会造成死机甚至整个系统的瘫痪。所以，我们必须定期删除多余的软件，及时清理掉那些无用的垃圾文件，这样才能保证电脑的正常运行。

第 八 章

职场需要钝感力，

难得糊涂是种大智慧

♥ 大智若愚，职场最需要"糊涂"人

在我们工作当中，有很多内心敏感的人喜欢装作有学问，生怕周围的同事看不起他，他想让所有人都知道自己是一个多有本事、多有能力的人；但其实，真正有本事、有能力的人都喜欢装糊涂，这叫大智若愚。例如，某个同事你怎么看都觉得他有点儿傻，有些糊涂，其实他是在装傻，他是揣着明白装糊涂。在职场上，我们只有懂得"装糊涂"，才不会让自己成为一个真正的傻瓜。

这个世界上聪明的人太多，而糊涂的人却太少，能够揣着明白装糊涂的人更是少之又少。不得不说，真正聪明的人，如果把聪明表现出来，就变成了二流的聪明。只有揣着聪明装糊涂的人，才是不折不扣的聪明人，也才能把自己的聪明运用得恰到好处。尤其是在职场上，很多内心敏感的人总是喜欢把自己伪装成学识渊博的样子，因为他最担心的就是同事瞧不起他。所以，他想告诉全世界他其实是一个能力很强的人，而且有着过人之处。但是这样昭告天下有什么好处呢？

所谓"希望越大，失望也就越大"，如果一个人在真正开始工作之前把自己描绘得无所不能，那么一旦工作上遇到小小的障碍或者出现不值一提的失误时，人们就会对他大失所望，也会对

他产生不好的印象。所以，真正有本事的人往往不会过早地表现出真才实学，而是能够装傻，也就是我们日常所说的大智若愚。他们看似愚钝，实际上把一切都看在眼里，记在心里，对一切也尽在把握之中。

一家公司因为经营出现困境，所以特意请猎头公司招聘来两位经验丰富的领军人物。这两位人物，一位来自外企公司，叫方明。方明在外企担任中层管理者，习惯了外企风风火火的作风，凡事都讲求效率，不讲人情，而且总是板着脸对待每一个下属，绝不留情，说起话来也是毫无保留，直来直去。看起来，方明才刚刚走马上任，在工作上就有了很大的突破。在他的整顿下，整个部门面貌焕然一新，员工迟到早退的现象再也没有了，而且对待工作也战战兢兢，绝不敢疏忽大意。和方明相比，来自另一家小公司的刘军显然如同"呆头鹅"一样。很多同事私底下都叫方明"黑面煞星"，而称呼刘军为"呆头鹅"。原来刘军整天看起来都笑眯眯的，也绝不黑着脸。在对部门的改革中，他不急于求进，而是耐心了解各部门每一个同事的情况，从而制定出更加适合各部门的制度。在做事情的时候，刘军也是慢慢吞吞、不温不火的。大多数同事都等着看方明出成绩，而认定刘军会闹笑话，不想一年之后，两人的管理效果却让大家大跌眼镜。原来，方明的雷厉风行，得罪了很多员工，导致他所在的部门人员流失率非常高。而刘军呢，与下属打好感情牌，稳定大局，然后再慢慢地温水煮青蛙，渗透性地进行改革，最终大家不但非常拥护他的改革，而且对他忠心耿耿。就这样，刘军拥有了自己的团队，在工作中如鱼得水。

不得不说，中国的企业文化和西方国家的企业文化还是有很大不同的。从表面上看，方明做事风风火火、雷厉风行，一定能做出成绩，然而实际上职场关系非常复杂，只有能力和水平是远远不够的。作为上司，不但要与自己的老板搞好关系，更要与下属搞好关系。所谓"水能载舟，亦能覆舟"，唯有与下属搞好关系，管理者才能拥有坚实的工作基础，从而得到下属的衷心拥护，也让自己的工作事半功倍。正所谓"磨刀不误砍柴工"，刘军看起来憨憨傻傻，实际上是揣着明白装糊涂，先把下属的心都收拢过来，他接下来的工作自然也就水到渠成了。

揣着明白装糊涂，也就是日本作家渡边淳一所说的钝感力。渡边淳一认为钝感力是一种迟钝的力量，拥有钝感力的人哪怕在生活中遭遇坎坷和挫折，也能表现得比较迟钝，从而坚定不移地继续朝着自己的方向前行。当然，所谓的"钝感力"并不是让我们都变得迟钝，而是让我们在面对逆境的时候能够增强与之对抗的能力。就本质上而言，钝感力是一种积极向上的人生态度，与大智若愚相似。

现代社会生活节奏越来越快，生存压力越来越大，如果过于敏感，我们就会很容易受到伤害；而变得迟钝一点儿能帮助我们更好地保护自己，哪怕面对生活中的不如意，我们也不至于那么气恼，更不会不假思索地逃避和退缩。所以，拥有钝感力的人，反而更容易适应这个时代和社会。比如，在电视剧《士兵突击》中，许三多憨憨傻傻的形象赢得了很多人的喜爱。其实许三多就是一个拥有钝感力的人，因此他才能在逆境中顽强地生存下来，获得比较好的发展。

现代职场上，弱肉强食、尔虞我诈的情形并不罕见。要想在职场上生存，我们就必须适应优胜劣汰、末位淘汰等各种残酷的制度。所以，人在职场，我们既要认可自己的价值，认同自己，也要有意识地让自己变得迟钝一些，从而在激烈残酷的竞争中脱身出来，成为胜者。

♥ 与异性同事交流，掌握好距离感

在职场上，我们免不了与异性沟通和交流，相互之间打趣接话是必不可少的。但是一些人因为太敏感，担心与异性的沟通会传出流言蜚语，因而不知道聊天时如何说话。这其实是没有必要的，只要把握好与异性同事之间的距离即可。虽然说距离很多时候表达的是一种物理长度，但在人与人的沟通中，这更是一门学问。在小小的办公空间中，它影响着人与人之间的互动，制约着同事之间复杂而又微妙的关系。

现如今的社会，企业中男女之间的工作交流再正常不过，人们也早已经没有了古代时"男女授受不亲"的思想。在如今的社会中，工作期间不可能不和异性接触，若是你太过敏感、过分抵触，很可能无法在如今的企业中生存。若是在工作中，你过于迟钝，不注意异性间的尺度，就会引起不必要的麻烦。因此，在工作中如何掌握两性共事的度，就显得至关重要。

雯雯是策划部的一名员工，但最近因为跟一个新来的同事走得太近，一些关于他们俩的流言蜚语就在办公室里传了开来。当雯雯去洗手间的时候，听到其他部门的几个同事正在纷纷议论自己，经常和自己一起走的晓宇在下班后也不等她了，并且含蓄暧昧地对她说："先走了，不耽误你……"雯雯觉得自己快要疯掉了，她不明白为什么会传出这样的流言蜚语。

终于有一天，她抓住晓宇一定要问个明白。经过晓宇的解释，雯雯终于明白自己在什么地方做错了。

新来的同事是个责任心很强又细心的人，前一段时间因为工作很忙，雯雯和他常常在一起加班。刚开始两人的配合并不融洽，经常为意见不一致而争论不休。但渐渐地，两个人找到了默契。很快他们就会彼此取长补短，经过一个月的磨合，工作起来已经是心照不宣，配合得轻松自如了。可这只是正常的工作关系，大家没有必要误解啊，雯雯百思不得其解。

晓宇说："你想想看，每天是不是人家在帮你收拾桌面，倒好热茶，那份关心谁看不见啊？还有，上次你从外地出差回来，给所有人带的都是小饰品，但唯独送给他的是他最喜欢的什么画册，这难道还不明显吗？还有……"晓宇提到的每一个例子都非常有"分量"。

一语惊醒梦中人。其实收拾桌面、倒茶是他们商量好的，谁先来谁做，可雯雯偏偏是个卡着点上班的人；而那个画册也是在加班的时候人家提起的，自己送他很正常，其他人又没有什么特别的喜好，众口难调，买一样的最省事。雯雯没有想到，自己的无心之举，居然造成了这样一段"绯闻"故事。

办公室本身就是一个容易生出是非的地方，如果自己和异性同事走得太近，难免会招人猜忌，甚至会被别有用心的人刻意污蔑，到时候真是有理也说不清了。因此，保持一个适当的距离，对自己、对同事都有好处。

其实，在办公室中，男女搭配的工作空间往往比单一性别的工作环境要愉快和谐得多，而且同事之间彼此交流也有助于工作效率的提高。那么，我们应该如何同异性同事保持一个适当的距离，做到沟通有度呢？

1. 对异性采取大方、不轻浮的态度

这是职场两性共事最关键的一个原则。大方、不轻浮包括在言语和行为方面，给予对方尊重和关心，但不能显得轻佻、毛躁。

2. 在语言交谈上要把握分寸

这方面男性员工更要注意。喜欢在私下场合开一些尺度较大的玩笑的人，这种笑话在办公室中尽量少说，特别是有女性同事在场的时候，因为很可能会被女性认为是对她们的一种冒犯。

还需要记住的是，当你在恭维异性同事的时候，一定要避免挑逗性的话语，以免让对方产生误会。

3. 在穿衣打扮上要注意礼节

公司是工作的场所，并非社交约会的地方。在这里需要展示的是能力，而非你迷人的曲线和魅力。若是在办公室中穿着过于暴露，或者过于休闲，就会引起别人的反感。知性而得体的穿着，会让你在职场中赢得更多的印象分。

4. 在动作上要注意自己的举止

很多人在职场中显得很随性，没有顾及同事的感受。例如，吃完午饭，回到办公室后，不忌讳女性是否在场，就松皮带扣；而女性也需要注意，不要轻易去触摸男性的衣服，无论有意还是

无意。因为这些动作很可能会让对方误会。

在公司里应该把更多的精力放在工作上，因此异性同事之间一定要注意彼此的距离，一定不要越过了那条线，一旦跨入"雷区"，就会让彼此都受到伤害。

♥ 低调做人，不要总想着表现自己

在工作中真正懂得表现自己的人，通常是既表现了自己，又不会被人察觉。他们不会以自我为中心，不会自顾自地在那里大谈特谈，而是能给人一种"参与感"。

与同事交谈时，他们喜欢用"我们"，不喜欢用"我"，因为"我"给人一种距离感，而"我们"更有亲和力，不仅在无形之中会把其他同事拉到同一阵营中，还可以按照自己的意图影响他人。

"枪打出头鸟""木秀于林，风必摧之"，这两句话告诉我们，一个人喜欢出风头其实不是一件好事——我们只有随时保持谦虚、低调的态度，才能让自己离成功越来越近。

因此，在工作的前 3 年，我们要学会不露声色地让别人注意到自己，这也就是大家所说的"低调地卖弄"。

张栋是一家大公司的职员，他工作积极主动，待人热情大方，深受同事们的欢迎。可是，突然有一天，一个不经意的举动让他在同事眼里的形象一落千丈。

这天，大家在会议室等着经理来开会。一个同事觉得地板有点儿脏，于是就开始打扫。

张栋一直站在窗台边看风景。突然，他发现"情况"后，走到拖地的同事面前说要替那个同事拖地，可是这时地已经快拖完了。同事看他执意要求，便也没多想什么，就把拖把递给了张栋。

张栋刚接过拖把，经理便推门而入，正好看到了他在拖地的举动。

一切不言而喻，大家突然觉得张栋十分虚伪，纷纷不愿再跟他交往。

人们喜欢表现自己，这是一种本性，也是正常行为，就像极乐鸟科喜欢炫耀漂亮的羽毛一样。但是，如果不分场合地表现自己，就会让人觉得虚伪、做作，最终产生的效果往往适得其反。

在谈话的时候，很多人不管是否以自我为中心，老是爱表现自己——这种人会让人觉得轻浮、傲慢，最终对他们产生排斥感和不快。

在与人交往的过程中，我们都希望得到别人的尊重和赞赏。

法国哲学家罗西法古曾说过："如果你要得到仇人，就表现得比你的朋友优越；如果你要得到朋友，就要让你的朋友表现得比你优越。"

这是因为，当我们的表现让朋友觉得他比我们优越时，他就会有一种被肯定的感觉；而当我们的表现比朋友优秀时，他就会反感，甚至产生敌对情绪。

因为，每个人都会在无意识的情况下本能地维护自己的尊严和形象——如果有人让他感到自卑，他就会在无形中对那个人产生一种排斥心理，严重的还会产生敌意。

在职场中，即便我们真的比同事强，也要给别人应有的尊重。学会与同事相处，这样他们就不会对你产生反感，也会慢慢地认可我们的能力。同时，我们还要懂得适当地暴露自己的劣势，以此减轻嫉妒者的心理压力，从而淡化矛盾或冲突。

李静是一名刚从大学毕业进入中学教书的新教师，对最新的教育理论颇有研究，讲课也寓教于乐，形象生动，很受学生欢迎。

这引起了一些任教多年，却缺乏最新教育理论研究的老教师的嫉妒。

为了改变现状，李静故意在这些同事面前放低姿态，并且很谦虚地向他们请教和学习。

这样一来，李静有效地拉近了自己与同事的距离，也就消除了他们的敌视心态。

平易近人、低调谦和的人总能结交到许多好朋友，而那些自私自大、自以为是的人，在交际中往往会让人反感，到处碰壁。

职场中有这样一类人，他们十分机智，有很强的工作能力，但是他们锋芒太露，让别人敬而远之。他们太喜欢表现自己了，总想让所有人知道他们很厉害，以此获得他人的敬佩和认可，但结果大多数时候却是事与愿违。

做人要低调，要谦虚，越是这样，别人越是喜欢；反之，越是孤傲、自大，别人越会瞧不起。因此，我们平时一定要谦逊待人，这样才会得到别人的支持，才能为我们的事业成功奠定基础。

当我们以谦逊的态度来表达观点或做事时，就能减少和他人之间的一些冲突，还容易被他人接受——即使你发现自己有错，也很少会出现难堪的局面。

不管怎么说，作为职场新人，一定要学会低调做人。

♥ 吃亏是福，钝感在于不贪图便宜

很多大学生刚刚从大学校园中走出来，一下子很难适应鱼龙混杂的职场生活，因此，他们也就成了"初生牛犊"，因为无知，所以无畏。然而现在社会生存压力越来越大，职场上的竞争日益残酷、激烈。曾经无忧无虑的校园生活已经悄然走远，每个走入职场的大学毕业生都要面对令人百感交集的职场生活。

很多大学生在走出校园时，都有些沾沾自喜和自以为是。他们经历了十几年的苦读，自以为是天之骄子，自视甚高。殊不知，职场从来不照顾任何人的自尊心，人一旦进入职场，就要与其他同事竞争。职场的冷酷无情，给予满怀热血的大学生当头棒喝，更给了他们一个下马威，让他们毫无防备地见识到职场的残酷和惨烈。很多大学生在初入职场时都会吃亏，这是正常现象，正所谓"吃亏是福"，在职场上大学生如同蹒跚学步的婴儿，只有多摔几次跟头才能让自己走得更好、更稳。

作为名牌大学的毕业生，琳琳在刚进入公司时自视甚高，总觉得自己学历比较高，而且毕业于名牌大学，因此趾高气扬。然而，她的骄傲很快让她吃到了苦头。记得到公司报到那天，她因为瞧不起公司前台的文员，所以昂着头没有和那个文员打招呼。后来，她每次因为工作需要去前台打印资料的时候，文员都对她不理不睬的。有的时候琳琳和别人一起去复印资料，文员都高高兴兴，而且和别人谈笑风生，这时候，琳琳站在旁边就显得很尴尬。后来，她意识到文员是公司的老员工，而且每个人去打印文件和资料时都要与文员聊天，所以很后悔自己当初不把文员放在眼里的行为。不知道是因为琳琳多心还是因为事实的确如此，她还觉得在文员的挑拨下公司里大多数同事对她都爱搭不理的。琳琳仿佛海上的孤岛被孤立了起来，觉得非常难堪和尴尬。

意识到自己的错误之后，琳琳决定马上改变。借着情人节的机会，琳琳为文员买了一大盒进口的巧克力，足足花了几百元钱。虽然她很心疼，因为她自己都舍不得吃这么好的巧克力，但是为了在工作中打开局面，她只能与消息灵通的文员搞好关系。文员得到琳琳的这一大盒巧克力后依然不依不饶，她对琳琳说："我又不是你的情人，你给我送巧克力是什么意思呀？"琳琳笑着说："姐姐你就原谅我吧，我有眼不识泰山。其实报到那天我特别紧张，根本无暇顾及其他的事情，所以就不小心错过了你这座山头。"琳琳的话说得文员笑了起来，从此之后，文员对待琳琳的态度缓和了很多。琳琳每次打印资料时，文员与别人谈笑风生，也会把琳琳带上。渐渐地，琳琳和其他同事也融洽起来了。

很多职场新人都怨声载道，觉得自己没有受到同事的欢迎。但是在职场上，要想与老同事搞好关系，作为新同事就要积极主动一些，而且可以像事例中的琳琳一样，采取一些方式。"吃人嘴软，拿人手短"，小小的礼物就能让他人对待我们的态度截然不同，卓有成效地改善人际关系。

大多数公司对新人除了安排给他们分内之事外，还会安排给他们一些杂事。对于这些事情，新人完全没有必要抱怨，毕竟刚刚从大学校园中走出来，缺乏工作经验，反倒是做这些事情可以积攒社交或其他方面的经验，让自己快速成熟。反正力气是用不完的，哪怕是在工作的过程中辛苦一点儿，只要获得进步也是完全值得的。

作为职场新人，我们必须记住职场不是大学，没有那么多的真情和友谊，而且职场的上司不是我们的父母，根本没有必要无条件地帮助和支援我们。所以，在工作中，哪怕吃一点儿小小的亏，多花一些力气做更多的工作，作为新人也不要抱怨，而要将这些视为难得的锻炼机会，从而把吃亏变成成长，让自己的内心获得平衡。

♥ 职场中不要轻易推心置腹

在职场中，我们可以跟任何同事和平相处，但不可能跟所有同事都成为朋友。所以，在与同事聊天时，一定要学会低调、钝感，别人说的我们要假装听不懂，自己的心里话也不要对同事推心置腹。这是因为，不是所有同事都可以跟你以兄弟相称。就算有的同事是你的朋友，你也要先经过慎重的选择，找到真正可以掏心掏肺的人，然后再敞开心扉交谈。

小贝在公司干了两年多，他觉得现在所在的部门没啥前途，打算年后跟公司申请调去市场部，如果公司不批准就辞职。那天，小贝在食堂碰见申请调换部门的大森，他们俩平时关系不错，小贝就把心事告诉了大森。可没想到，大森扭头就把这些话告诉总经理了。

　　总经理听了气不打一处来，说："他以为自己是谁啊，要走就走呗！"

　　下午主管找小贝谈话，他开门见山地说："小贝，你没有负责市场信息的经验，公司不可能以你现在的薪酬请一个毫无经验的人。我听大森说，如果申请不成功，你就要辞职，有没有这回事啊？"

　　小贝赶紧说："没有。"

　　可主管却下达了逐客令："如果要走的话，提前一个月申请；如果想留下来公司也欢迎，但是你要想办法提升自己的能力。"

　　主管走后，小贝气得火冒三丈，他怎么也没想到大森会出卖自己！后来小贝觉得继续留在公司也没有意义，就辞去了这份工作。

在职场中，不是所有人都可以推心置腹。就像小贝和大森，他们虽然是朋友，但最终小贝却被自己视为朋友的大森出卖了。

我们在与人推心置腹时，往往袒露的都是自己内心最深处的情感或秘密。如果对方人品低下，那这种交谈就会给自己带来不利的后果——比如，你的秘密会成为对方利用你的把柄，并以此出卖你。

也许你会觉得是别人出卖了你，但真正要怪的人应该是你自己——是你自己选错了人，把他当成了可以推心置腹的朋友。所以，在你没有能力看清一个人前，最好不要将心里话都说与他听。

而选对了人，你就可以畅所欲言，得到对方的安慰和帮助，并加深你们之间的感情。对方也会愿意把心底的秘密告诉你，你们也会因此成为知己。

你一定要找你信任的人作为倾诉对象，不要跟表里不一、暗中伤人者表露情感——这样的人往往表面上对你好，背地里却想利用你、伤害你。

张佳在一家创业公司工作一年多了，最近公司入职了一个新同事周筠。周筠比张佳大四五岁，她第一天来上班时，趁主管不在和张佳聊起天来，她还向张佳吐槽公司环境一般，电脑设备陈旧，以及对主管的不满。

虽然周筠是新员工，但是她几年前就在主管手底下工作过，可以说是主管的老部下了。张佳知道后，心想："难怪她知道主管那么多糗事。"在她们俩聊天时，周筠几次强调：

"咱俩可是一条船上的，这些千万别让主管知道啊！"张佳小鸡啄米似的点点头。

相处一段时间后，张佳和周筠更加亲密了，她们下班后一起到餐厅吃饭，张佳还亲切地叫周筠姐姐，她不仅把自己知道的公司情况都告诉了周筠，还把自己的很多私事也告诉了周筠。

有一次闲聊时，周筠问起张佳的薪资情况。原本公司要求大家对薪资保密，但张佳觉得周筠为人直爽，跟自己交情不错，就告诉了她。周筠听了惊讶地说："天哪，你这两个月天天加班，工资居然这么少！你怎么不跟领导提涨工资啊？"

听周筠这么一说，张佳觉得很有道理。自己来公司这一年多一直兢兢业业，满一年时调薪也没涨多少工资，如果不主动提加薪，要等到猴年马月才有机会？所以，张佳决定下班后跟主管聊聊涨薪的事。

张佳以前段时间公司业务繁忙、自己压力大为由，跟主管申请涨工资。主管对她说，每年1月都会调整薪资，中途没法涨薪，因此拒绝了张佳的请求。就在这时，周筠进来给主管送资料，正好听到她们说到涨薪的事儿。

周筠一反常态，批评张佳说她不懂事，年轻人不能老想着涨工资，应该脚踏实地地做事。主管很满意，还让张佳多跟周筠学习。那一刻，张佳才反应过来：原来她们俩根本不是一条船上的，她把周筠当好朋友，可周筠把她当可以出卖的同事！

表里不一、暗中伤人者通常在你面前会伪装得非常好，其实是想通过对你的关心，套出你内心的隐秘情感，跟你拉近关系。

这种人会先把自己的隐私推心置腹地告诉你，然后希望获取你的隐私。对于这样的人，你一定要守口如瓶。

对于有恶劣习性的同事，也不要深交。这种人意志薄弱，而且品行不好。他们没有社会责任感，没有道德底线，为了一点儿好处，他们就会出卖朋友。你把自己的隐私推心置腹地告诉这种人，无疑是给自己的生活埋下了"定时炸弹"。

以自我为中心、自私自利的同事，也不是推心置腹交谈的对象。这样的人一切以自己的利益为出发点，很少真正顾及别人的立场与感受，跟他们深交，最终牺牲的是你自己的利益。

对于那些心态灰暗、处事消极、有悲观主义倾向的同事，你也要敬而远之——这种人只能给你的生活带来负能量。他们也许不会出卖你，但也不会带给你好建议、正能量——与他们交往，你的生活不会有阳光。

♥ 和领导相处也需要钝感力

当你和领导的意见出现了分歧，又迫于领导的压力，总有些话如鲠在喉时，你该怎么办呢？切记，不可有话直说，如果你是聪明的员工，这时候就要学会"装傻"，让自己钝感一些，绝不能当场直接指出。

一般来说，那些在日常生活中比较情绪化的领导通常都"爱面子"，因此你要尽量避免在公开场合提出反对性意见的"正面交锋"，可以采取书面报告、汇报工作、单独谈话等方式，将你的建议比较和缓地表达出来，这才是最佳的选择。

由策划总监李军带队的小组就新品推广制定出了一套较为缜密的执行方案后，开始向下属公开征集改良建议。

新人安安很想针对其中的一些细节发表自己的不同看法，但是周围人都劝她："不要质疑领导的主张。""领导说啥就是啥！"难道自己果真只有做"哑巴"的分儿吗？安安不甘心，觉得有意见就要提，哪有不说的道理，于是她当场指出了这个方案的不足之处，并认为可以借此消除自己在同事中略显平庸的形象。然而，总监李军并不买账，最终虽然采取了安安的建议，但心里对这个年轻人有了看法。

即使你用心良苦，过于直白的"纠错"言辞也会使领导为了维护自尊心而不会去关注问题本身。因此，如果你想借机摆脱平庸，脱颖而出，那么主动向领导开口的技巧就非常重要。应该尽量选择没有第三者出现的场合，单独向领导表达看法，而且一定不要专程"纠错"，务必选择汇报工作、讨论方案等时机酌情"下手"，言辞方面也要事先帮领导找好"台阶"。

很多员工心直口快，不懂得遮掩和委婉，领导犯了错误，就当众毫不留情地指出，让领导觉得很没有面子；还有一些员工，说话太过尖锐，领导虽然明白是自己的错，但是心里会非常不舒服。忠言就像良药，往往会让人觉得苦涩，那么你何不在良药外面裹上一层糖衣，让听的人更容易接受呢？

张芳走进领导的办公室，向领导汇报自己的产品宣传推广策划意见。领导看了看张芳交上来的材料，对张芳说："这份陶制餐具的宣传推广策划非常好！我决定了，这个周末就在周边的小区开展宣传活动！"

张芳一听，这么重要的产品宣传推广，连市场调研都还没开始进行就急着搬上日程，领导也太自以为是了！急性子的张芳马上提出了反对意见："部长，你的决定太草率了，我们不是应该先做调研，然后再决定如何进行宣传推广吗？"

领导瞪着眼道:"什么?草率?做事业就得抓住机遇,等你把调研结果拿出来,说不定别的品牌已经宣传完了,把顾客都吸引过去了!小张啊,做事不能畏首畏尾。"张芳挨了一顿训,闷闷不乐地离开了领导的办公室。

过了两天,张芳的领导宣布,对于新研发的陶制餐具先进行市场调研,再根据情况进行产品宣传,并且把这项原本由张芳负责的项目全部交给了邓晓蕾。

邓晓蕾其实和张芳的观点是一样的,但是她并没有直接指出领导的不足之处,而是私下里提醒领导:"部长,您一贯果断有魄力,我真是应该向您学习。不过,咱们这种新型的陶瓷厨房刀具造型精美,价格也比较贵,属于高档餐具,而周边小区的住户大多是工薪阶层,我担心咱们搭上了时间金钱,最后却只能白费功夫。您觉得呢?"

领导觉得邓晓蕾说得很有道理,不但对邓晓蕾赞赏有加,说她考虑事情仔细周全,还将这个项目从调研到宣传全权交给了她处理。

领导也不是无所不能的,在工作中出现一些纰漏或失误也很正常。当下属面对这种情况时,有的人会抓住问题不放,直截了当地点明领导所犯的错误。而这样的批评就像一把"双刃剑"一样,一方面解决了问题,指出了错误;另一方面却让领导非常不舒服,或许会让你的加薪和升职遥遥无期,甚至丢掉饭碗。

领导也是平凡人，不一定都能做到宽容大度、不计前嫌，要想职业之路顺畅，就千万不要得罪领导。领导喜欢聪明识趣的下属，说话太过直接的人在职场只会步步难行。要想获得领导的好感和重用，在能干之外还要会说。

　　怎么说才能既进忠言，又让领导欣然接受而不对你产生反感呢？首先，你一定要掌握进忠言的说话技巧：批评的话，要学会给领导留面子；提意见的话，最好说得像建议；反对的话，要委婉地说。只有这样，领导才会更赏识你、重用你，你才不会遭遇职场"雪藏"。

　　聪明人士不但不会说让领导损失颜面的话，而且在用委婉的语气让领导意识到自己的错误时，还会为领导找个台阶下，可谓"一举两得"。比如，在指出领导对某一项工作内容考虑不够周全或者出了什么差错的时候，聪明的人不会急着指出领导的错误，而是有选择性地说一些赞美领导的话，然后再从中引导领导认识到自己的疏忽，这样领导就不会觉得丢面子，还会欣然采纳他们的意见。

第 **九** 章

情感最需钝感力，

不过于敏感是幸福生活的真谛

♥ 婚姻中的"洁癖"不可取

女人都爱干净，尤其是一些女人，爱干净已经到了有"洁癖"的程度，总喜欢把自己收拾得靓丽照人，把家里也收拾得一尘不染。对于一个家庭来说，有一位爱干净的妻子，会让男人感到家的温馨和舒适。但是，如果妻子真的爱干净到有"洁癖"的程度，就不再是一种美感，而是一种病态了。有"洁癖"的女人对自己倒没什么影响，但会给家人带来无尽的困扰。

小梦是一个有洁癖的人，她的老公非常难以接受。小梦不仅每天洗手很多次，甚至为了避免在公交车上碰很多人都扶过的扶手，每天居然走路上下班。

回家后，她更是反复地把家里的地板、桌椅、日常用品擦得干干净净才罢休，屋内哪怕有一点儿不干净都会让她很不舒服。

每次外出旅行住酒店，小梦的必带之物就是消毒水。一进酒店的房间，她就马上把消毒水喷在酒店的每个角落。

家人的健康和卫生更是被小梦照顾得十分周到。除了她自己和老公之外，其他人一律不准接触她女儿。每次外出吃饭，小梦都自备碗筷。有一次小梦忘记了带私人餐具，她只好用餐厅提供的餐具，但她用开水反复清洗了十几遍，然后再用纸巾擦拭了数十次……

太爱干净的女人总是把家里收拾得过于整洁，辛苦一天的男人回到家，本以为可以舒舒服服躺在沙发上看电视，却被妻子一把揪起："不要把沙发弄乱了。"

想要喝杯水舒缓舒缓，只听妻子说道："喝完记得洗杯子。"

想要到书房上会儿网，又传来妻子的声音："出来的时候把桌子收拾干净"……诸如此类的场景屡屡出现在本来温馨的家庭里，怎能不让男人对家、对妻子望而却步？随时随地的"唠叨"会让男人觉得还不如待在办公室来得舒服。

在家的时候，请给你的老公一种轻松感吧。不管男人多爱自己从事的工作，都会避免不了遇到一些令人头痛的事情，这些事情让他情绪低落。如果回到家后你能帮老公舒缓这些坏情绪，让他感到身心俱舒，那么第二天老公一定会热情饱满地投入工作。

家是温馨的港湾，是心灵的归宿。男人之所以想回家是因为家能给他温暖，让他完全放松身心，消除工作上的疲劳。如果劳累一天的男人回到家，还要忍受妻子的干净大检查，就会让男人对家产生排斥心理。

小云对身体的清洁要求已达到吹毛求疵的程度。她的手一碰到别的东西就会反复清洗。久而久之，这双手被"折磨"得面目全非，手掌脱皮不说，还患上了皮炎。小云每天晚上洗完澡后，总认为衣物上的细菌会弄脏她的肌肤，因此她常常"裸睡"。不仅如此，小云强烈要求老公也这样做，如果老公不肯，小云就感觉老公身体很脏，不肯与老公同床。老公试图用各种方法来劝导开解小云，让她能够像常人一样，但小云就是不肯改变自己顽固的想法，老公最终忍无可忍，主动提出了离婚。

男人天生就比较喜欢舒适自由的环境，小云的老公之所以和她离婚是因为他感受不到家的温馨，感受不到妻子的体贴与温柔，妻子吹毛求疵的爱清洁程度让老公没办法忍受，最终使婚姻走向破裂。

在爱干净的同时，你还要记得带上一份懒散，在身心俱疲的时候，可以让自己紧绷的神经得到放松，让心灵得到调养，宽待生命，为自己营造一份闲适的心情。

曾有人说过："幸福的家庭看上去总是有一点儿凌乱。"家里适当凌乱会给人带来一种生活气息感，更让人感到温馨，所以女人要学会为家营造一个轻松舒适的氛围。有时候太爱干净是与生俱来的习惯，也有可能是遗传，如果你有"洁癖"，一定要学会自我调节，或者寻求医生的帮助，千万不要让你的"洁癖"破坏了家庭的温馨。

你的"洁癖"可能会成为家庭不和谐的主要原因,因此适时地改掉这样一个"坏习惯",让老公真正感受到家的舒适,同时也能使自己的身心得到放松,让家庭生活更加和谐。

♥ 婚姻中千万不要去翻陈年旧账

一些看似模范的夫妻在发生了争吵时,总喜欢把一些陈年旧账翻出来说,结果使两人的矛盾激化,甚至不得不以离婚收场。一般结了婚的人都不愿意谈论从前的一些过失,尤其是恋人,聪明人应懂得学着钝感一些,想着如何好好地把握现在,而不是敏感于已经过去的事情。

有的夫妻吵架时,什么陈年旧账都喜欢拿出来翻翻,次次都是这样,实在让人不堪忍受。像几年前老公忘记了结婚纪念日,在多久之前与前任通过一次电话……不吵架的时候显得一切平静,但争吵一旦爆发,这些不愉快的事一定会被拿出来说。久而久之,积怨不但会变得更深,而且容易让婚姻走向破裂的边缘。

有些夫妻吵架,还喜欢翻出过去的恋爱史说事。既然你们已经成为一对夫妻,过去的事情已经成了历史,在争吵时拿出这些事情来计较是非常不理智的行为。夫妻不应该相互猜疑,而应该活得钝感一些，更应该多些信任和宽容。

　　晓梅陪老公一起挑选领带，一抬头便看见了老公的前女友。在这种尴尬的场面下，大家只能彼此寒暄一番："你一点儿也没变，还是喜欢蓝色的领带！最近你还好吧？"老公的前女友问道。

　　等老公的前女友走了以后，晓梅刚才还笑嘻嘻的脸，这会儿却拉得很长，三四分钟没有搭理身边的老公。

　　"你怎么啦？不舒服啊？"

　　"没有啊，很好啊！"

　　"那怎么不说话？"

　　"我哪有不说话了？看你刚才那高兴的样子，她还记得你最喜欢的领带是蓝色的呢。"

　　"我和她早已是过去的事情了！我和她说话的时候，不是一直拉着你的手吗？"

　　两人在争辩之中走进了一家餐厅，两人的用餐氛围变得甚是尴尬。

　　"你点的这些菜，是不是也很符合你那位前任的口味啊？跟她在一起一定比和我在一起甜蜜吧？"晓梅以酸溜溜的口气说道。

　　老公一听，火气就上来了，大声说道："我和她已经是过去的事了，你吃什么醋啊！"

晓梅一听也来了火气，二话不说转身就走，老公马上追了出来："你别走！现在就把话说清楚，免得以后你再拿这件事说事！"

如果时常在伴侣面前翻这些陈年旧账的话，久而久之积怨会越来越深，看对方不顺眼不说，还很容易引起"并发症"，最后转变为难以治愈的"癌症"。别忘了，夫妻之间的爱应该是不计前嫌的，是相互支持的。

在婚姻生活中，夫妻之间发生一些争吵是在所难免的。其实，夫妻间的磕磕碰碰，是关系向稳定和谐发展的一种必然的磨合过程，因此，只要没有引起激烈的争执，应当都是可以理解的。

夫妻之间交流感情的另类方式就是吵架，这样说是有一定根据的。但是，进行这样的"交流"也要遵守一定的规矩，翻旧账就是不遵守规矩的行为之一。因为，翻旧账等于放大了家庭矛盾，翻旧账的人会感到越来越气愤，而被翻旧账的人则是感到无比的委屈。结果，矛盾在这样的环境下不断升级，最终就可能引发"家庭战争"。

每个人都有属于自己过去的"秘密"。聪明的人从不会提对方的陈年旧账，即便是在面对这些陈年旧账时，也会变得钝感，一笑置之。过去，你并不拥有他（她），而现在你们组建了家庭，日夜相伴，二人世界不仅需要彼此理解和支持，还需要彼此原谅，一起创造新生活。你也有自己的过去，有自己无法忘记的一些事情，要是他（她）也总是拿你的旧事出来作为吵架的理由，你会怎么想呢？所以，有时候换位思考一下，也许就觉得没必要了。

不论因为什么事情发生争吵，夫妻之间都要遵守"就事论事"这个规矩，切忌翻旧账。如果因为钱争吵，就只谈钱。倘若翻起一些与钱无关的旧账，花多长时间也说不清楚了。夫妻之间不管争论得有多厉害，也不能记仇，事后一定要忘记。如果非要记仇翻旧账，这种行为无异于是在旧伤口上撒盐。

两个人长期生活在一起，免不了要发生一些口角，这就需要有忍让的心态，夫妻之间要相互包容对方，切不可翻旧账。

♥ 婚姻是双方的结合，没有单方面纯粹的付出

经常听到一些久在围城里的女性朋友抱怨："我就像一只陀螺一样，从早上开始就一直围着他转，围着孩子转，然后再转到单位里，晚上回来还要在一大堆家务里打转。你说，我一天天容易吗？就这样，他还不满意，嫌这嫌那。"

人际交换理论是社会心理学中的一个理论，这种理论认为，人与人之间的关系，是以一种类似于商品交换的规则为纽带的。而我们每个人心中也有杆秤，衡量着自己的付出和收获。这一原则，同样适用于夫妻关系。人们之所以经常对另一方会产生这样

或那样的抱怨，是因为在自己倾其所有为这个家付出的时候，实际上他们也是期待着对方给予自己同等的回报。一旦觉得对方的回报没有达到预期的"量"，他们内心就会产生失望，继而开始抱怨。

而且，不仅是"吃亏方"的感觉不好，其实，"占便宜方"的感觉也好不到哪儿去，尤其是那些关系亲密的夫妻，总"占便宜"的一方更容易使自己产生压抑和负罪的心理。因为一方付出的太多，另一方似乎就没有了价值，没有了成就感。在舒适环境中长久地生活，就会产生压抑感，因为自己没有付出，所以这样的环境也不该是心安理得就能接受的。婚姻就像一杆秤，付出的多少都明明白白地标在了秤杆上……于是，夫妻间的爱就靠着这杆秤的平衡维系着。但是，倘若一方付出少了，一方得到多了，婚姻也就亮起了红灯。

有句话叫"善良的最高原则是保持受施者的尊严"。这句话放在婚姻里来说，就是"不要太强调你的付出"。说多了，对方会烦，会有压力，会觉得你是在施舍，你的施舍让他失去了尊严。你又何必做那些出力不讨好的事情呢？如果他看到了，你的付出自然会有价值；如果他看不到，你说再多也没用。

晓萍原本是个幸福的女人，大学毕业后如愿嫁给了自己的男朋友，跟他结婚生子，日子平静顺利得让人羡慕。而她，也从来没掩饰过自己的幸福。

可是，这段让人交口称赞的婚姻突然间像失去了藤蔓的牵牛花，在一夜间迅速地垮掉了。听者无不惊奇感慨。其实，毁掉这段婚姻的不是别人，正是晓萍自己。

　　丈夫家境贫寒，当初创业时用了晓萍娘家 20 万元。好在丈夫也争气，不出几年，不但挣回了本钱，还把事业发展得很大，生活越发有声有色，但丈夫一直忙于扩张事业，家里的事都落到晓萍头上。晓萍一边忙着自己的工作，一边照顾孩子和两边的老人。虽然很累，但是想到丈夫、家庭和孩子，她又觉得非常幸福。但她又要忙工作，又要照顾家，精力明显不够。所以，晓萍跟丈夫商量过后，就把工作辞了，做了全职主妇。

　　开始的时候倒也不错，但慢慢地，晓萍看着光芒尽显的丈夫，心里总会产生一种难言的恐慌。特别是跟他一起参加一些社交场合时，晓萍看到一些年轻漂亮又野性十足的小姑娘毫无忌惮地表示着对丈夫的兴趣，她心里就像压上了一块大石头，沉重得喘不过气来。她们正是大好的年华，而自己却是个终日待在家里看家、照顾孩子、伺候丈夫的黄脸婆。

　　一害怕，晓萍的行为就有些失常。她开始无端地怀疑丈夫，一旦丈夫回家太晚晓萍就会神经质地追问他去了哪里。丈夫累了一天，一有点儿不耐烦，晓萍就会恶狠狠地甩上一句："你别忘了你的今天是怎么来的！是我们家给了你 20 万元！我为了你，为了这个家，辞了职，全心全力地伺候你爹娘、你儿子！做人不能没有良心！"

开始的时候，丈夫总是无言地忍了。看着丈夫那张隐忍的脸，晓萍就觉得特别有安全感，这个男人欠自己的，所以，他永远都是自己的。

但是，她显然低估了自己这些话的杀伤力。特别是到最后，她已经形成了习惯，每次吵架总会拿这件事出来说道一番。在一次激烈的争吵之后，丈夫终于咬着牙说出了"离婚"。晓萍气得浑身发抖，忍不住又拿出那番念叨，但她话还没说完，就被丈夫打断了："我知道，我用了你们家 20 万元，我欠你的今天一次还清，连利息也一块儿算上。行了吧？"

晓萍不断地试图用提醒丈夫的"起家史"来引发丈夫愧疚的做法，从本质上讲是愚蠢的。丈夫先前的容忍，确实有愧疚的因素，但长此以往地强调，只会让他不停地想起过往的"难堪"。他觉得自己受到了侮辱，进而产生摧毁婚姻的想法，因为这段婚姻在时时地提醒着他，他的成功，是因为一个女人无条件地付出和牺牲才换来的。这是他的自尊心不允许的。也许，以前这段婚姻并没有带给他这种"难堪"。每个人都是有自尊的，随着晓萍的不断提醒，晓萍丈夫潜意识中不想重视的一些因素就会跳出来折磨他的尊严。很显然，这段婚姻出现问题几乎是必然的。

其实，在任何一段婚姻中，都会存在不同程度的付出和牺牲。不论男女，在婚姻面前都是有所牺牲的。丈夫为了小家庭，放弃了很多和父母欢聚一堂、共享天伦的时间，在外面浮浮沉沉，说不定还要受尽冷眼算计，才能换来一时的成功；而妻子为成全丈夫的事业，不得不牺牲、割舍了自己的前途。

你一旦决定走进婚姻，那么，也就意味着你选择了这些牺牲，并且在这些牺牲上保持"缄默"。你可以记得，可以偶尔拿出来念叨一下，但切记不可太过强调。你是曾用它换取你们婚姻的平衡，可是，做出牺牲的并不止你一个。当你把"付出"当筹码不断地向他"邀功请赏"时，你的付出反而会累及婚姻。

智慧的付出、适度的付出是维系幸福和谐婚姻的重要砝码。如果对方已经承受不起你的付出，最终结果只会让婚姻不堪重负。超额付出很有可能导致两种后果：一是让付出者产生抱怨心理；二是承受者会随时崩塌。

很多人喜欢将自己的牺牲和付出看作对对方的一种爱、一种成全。比如说放弃工作、交际圈、时间，都以为这是爱的表现形式。实际上，自己放弃得越多，越没有安全感，生怕自己的放弃得不到对方的回馈。于是，"我为了你……""你这样的表现真对不起我的放弃和付出"等抱怨的话就出现了，隐藏在这些抱怨背后的其实就是不安和危机感。

著名心理学家海灵格认为，在婚姻生活中，如果付出方一味付出不懂接受，承受方很快就不想再接受另一方的付出了；如果付出太多，超过了承受方的回报能力时，承受方就会产生结束关系的想法。因此，作为夫妻双方，需要对婚姻有正确的认识，即两个独立的人选择了共同生活的方式。你们可以相互温暖、相互依靠，但是千万不要太强调你的付出，这样你们都会很累。

♥ 婚姻的钝感力，在于彼此间的宽容

著名作家列夫·托尔斯泰说："幸福的家庭都是相似的，不幸的家庭各有各的不幸。"幸福就是即使两人对坐无语，也不会觉得无聊；幸福就是彼此打电话，不需要过多的语言，只为听到对方的声音。幸福很简单，也很复杂，有人认为锦衣玉食也不幸福，有人则认为粗茶淡饭依然可以快乐每一天。

幸福的家庭是由幸福的人组成的，只有幸福的人才能说出幸福甜蜜的话语。而幸福的话语传递的是一种爱，让我们身边的朋友感受到我们的爱，这样，我们才能让身边的人也融入我们的幸福中，有了这样的支撑，我们才能做好人生中的其他事情。

1918 年，17 岁的梁思成和 14 岁的林徽因相识，两人的父亲是旧友，积极促成了孩子们的亲事，1928 年，两人携手步入了婚姻的殿堂。

林徽因是当时著名的才女，身边一直围绕着大批的追求者，在梁思成赴美留学之前，林徽因和徐志摩就有着比较亲

密的交往关系，但是梁思成泰然处之，没有让心中的妒火麻痹掉自己的理智。

1931 年，徐志摩遭遇坠机事件，梁思成主动赶往现场，替徐志摩料理后事，这体现出了一个男人的大度与宽容。

1932 年，梁思成和林徽因搬到了北总布胡同，金岳霖是他们家后院的邻居。有一天，林徽因告诉梁思成，她爱梁思成的同时爱上了金岳霖。梁思成想了一晚上，最后，梁思成觉得，自己缺少金岳霖那样的哲学家头脑，自己不如金岳霖。

第二天早上，梁思成对林徽因说："你是自由的。我既然爱你，就要给你足够的自由。如果你爱我，就算离开了，也会再回来；如果你不爱我，就算我强求，也是没有用的。"

林徽因接下来就找到了金岳霖，把梁思成的话转告给了他。金岳霖说："梁思成能说出这样的话，证明他是真心爱你的，他不希望你受到任何委屈，所以，他才会给你自由，我不想伤害一个真心爱你的男人，我退出！"

最后，三个人成了好朋友，梁思成从来没有因为忌妒而失去包容之心，他对林徽因的爱不仅伟大，而且深沉。金岳霖自此之后终身未娶，等到他 80 多岁去世后，为他送终的人竟是梁思成和林徽因的儿子。

梁思成对林徽因的宽容，源自他内心的钝感力，更源自他对爱人的宽容。如果那时他过于强求，只会让握在手中的爱情从指尖溜走。其实，夫妻双方需要的是相互理解和相互体谅。恋爱的热情、恋爱的温度是极其短暂的，如果我们太过于追求这种感觉，那么结果只会适得其反。

幸福的话语底气源自心底的幸福感，如果我们没有察觉到幸福，就很难从口中把幸福的感觉表达出来。人生是一段漫长的旅程，而我们需要在这段旅程中不断行走，行走中的我们既不要忘了生活中的情感，也不要忘了路边的风景。要想用幸福的话语感染别人，就应该先让幸福住进我们心里，只有如此，我们才能说出触动心灵的幸福话语。

　　有一对老爷爷和老奶奶，他们原本是没有交集的两个人，但是因为传统社会的包办婚姻使他们走到了一起，这一走就是一辈子。

　　两个人原本是一个村的，由于老爷爷家里条件太差，而且生得黑黢黢的，所以到了 30 岁还没结婚。

　　那时候，老奶奶的父亲生病了，老爷爷就东奔西跑，为她家忙里忙外，老人被老爷爷勤劳质朴的心打动了，觉得如果把女儿嫁给他一定能得到幸福。

　　但是老奶奶根本就不同意，老爷爷不仅长得黑，而且年龄又比她大得多，所以她每天自怨自艾，哀哭好久才会去睡觉。但最后老奶奶抵不过家里人苦口婆心的唠叨，就答应了这门亲事。

两个人的矛盾一直没有缓解。老爷爷生性软弱，但老奶奶性子刚强，负责操持家中的大小事情。

本以为是不可调节的矛盾，没想到也会峰回路转，随着孩子的出生，两人的感情渐渐好了起来。老奶奶逢人就夸赞老爷爷说："我家老头子，人聪明，又能干，有了孩子之后，他的父爱全都展现了出来，这让我真的非常高兴！"

老爷爷见老太太每天进出都很开心，自己也愉悦了不少："这家里大小事务都是老太太亲自打理的，你看一切都井井有条，我这是走了什么好运呀！"

自此之后，老太太开始不住地夸赞老爷爷聪明勤劳，在夸赞的时候，表情中还会流露出崇拜的目光；而老爷爷说起老奶奶，也是非常高兴，说老奶奶是家里的顶梁柱，每件事自己都要问过她才肯放心，说完老爷爷嘴角不时洋溢起幸福的微笑。

老爷爷和老奶奶最终能拥有幸福的婚姻生活，是因为他们爱情观的转变。他们开始互相欣赏，所以两个人的生活越来越美好。没有彼此欣赏的爱情是不会幸福的。我们不应该吝啬我们的赞美，有时候，一句简单的赞美就会让对方心里有了幸福的滋味。能够在茫茫人海相遇相知是一种缘分，能够携手走进婚姻的殿堂更是一种幸福，既然牵了彼此的手，就要一起肩并肩走完这一生。

曾经在网络上流传着一个关于幸福的顺口溜："幸福就是猫吃鱼，狗吃肉，奥特曼打小怪兽。"其实，幸福没有想象的那么复杂，幸福是我们由内而外散发出的一种普普通通的情感，这种幸福的情感可以让我们受用终身。那么，在婚姻中，我们应该如何获得幸福呢？

1. 遇事多沟通，不独断专行

一个完整的家并非由一个人组成的，家庭成员应该还有伴侣和孩子。每个人都是这个家里重要的一员，因此，遇到任何事，都不要有太强的主观意识，或是独断专行，应该与家人多商量，讨论出一个共同的决定，这样才不会产生矛盾，家庭才会幸福美满。

2. 幸福需要相互体谅和宽容

谁都有自己的脾气，谁都有不愿回忆的过去。世界上没有完美的人，更何况是伴侣！因此，想建立一个幸福的家庭，就需要相互间的体谅和宽容。像我们上述案例所说，若是没有梁思成对爱人的宽容，又如何有后世称道的才子佳人的幸福佳话？

3. 相互称赞，发掘对方身上闪光点

赞美是这个世界上最美妙的语言，在婚姻中，赞美更是家

庭幸福的黏合剂，因此，千万不要对伴侣吝啬你的赞美。对方有一分好，你就要夸出三分来，这样就会收获到对方更多更浓的爱意。

♥ 求同存异，学会接纳彼此的差异

男人结婚时的心理是：她值得我爱。女人结婚时的心理是：他真的爱我。

在伊甸园的故事中，当亚当和夏娃第一次相遇时，不禁惊呼："哇！我们原来是不一样的！"

爱情都是从相互吸引开始的。生命中奇妙而美好的事就是被那些和我们不尽相同的人吸引，我们都希望那个人在一定程度上能让我们更加完善。

但是，一旦当两人踏入婚姻殿堂后，就会产生一种无形的力量，驱使着自己将对方改变为自己的理想化对象。产生这种想法是可以理解的，因为按照常理，和一个与自己想法相同的人生活，无疑是一件快乐的事情。然而，这种想法从来都只是一厢情愿的，很少有人愿意被他人改变。

我们必须学会发现对方的特点，进而去习惯和喜欢这种特点，让彼此的差异都得到欣赏和拥抱。婚姻是相互的，只有充满了两个人影子的世界才是幸福的。

　　夫妻之间能够好好相处的第一步是先要懂得谦让，站在对方的位置上去想想。理解是第一位的，试问一下自己，你知道爱人的喜好吗？他的优点和缺点是什么，他有怎样的生活习惯，自己和他的处事方式有何不同，不同在哪里？

　　　　小曾参加同学聚会时说起自己的婚姻，真是有不少的感慨：夫妻两个人在文化差异和价值观上的不同真是婚姻的不幸。
　　　　小曾说："我老公和我是一个村的，以前是不陌生也不熟。我念完大学，家里就开始张罗我的婚姻大事了。我妈说，他这人不错，勤快、老实，模样也俊。当时我也没多想，心想大家离得那么近，回趟自己家也方便，就这样我和他结婚了。婚后，我才明白，我和他之间有不小的差距。他读完初中就已经步入社会了，而我是本科毕业，我俩平时很少在一起看电视，原因很简单，看不到一块儿去，他喜欢看电视剧，我偏爱看新闻，尤其是国际上的重大事件。有一回，为了这事儿还吵了一架，他居然讽刺我说：'这么喜欢看新闻，怎么也没见你去做外交官啊。'我当时很无语，觉得他不但肤浅，不懂得尊重人，而且蛮横。这都还是小事，我和他真正的矛盾在于孩子的问题上。结婚之前我就明确地向他表示过，我这辈子是不会要孩子的。他说，要不要孩子现在说还早，到时再说吧，要不要其实也无所谓。但是婚后，他却明示加暗示地和我说了好几回了，我烦不过，就说：'婚前你不是说要不要孩子你都无所谓吗？'他就反问：'一个女人，不生孩子，算是哪门子的事？这事不是你一个人说了算！'后来他语气软了下来，他说，'就算你不为我考虑，也得为你妈、为我妈想想，难道老人不想抱孙子？'其实，我家人是信佛的，我认为一个人来到这世上就是来受苦的，为什么还要硬生生地把另一个人也带到这世界上受这轮回之苦呢？况且现在有很多丁克家庭照样过得很幸福。但是和他说这些全不好使，没用。在他的眼里，老婆的任务就是帮他传宗接代，真是不知道该怎么收场。"

婚姻中的两个人有差异是必然的，我们要做的就是拥抱真实的爱人。也就是说即便对方身上存在很多缺点，自己爱他依然要爱得真诚。谁都有缺点，我们并不能完全改变这些缺点。两个人逐渐走到一起的过程其实就是逐渐亲密的过程，而不是两个人合二为一、变得毫无差异的过程。煞费苦心地去引导对方做出改变，只会适得其反。我们勇于调整好自己的心态才是最有意义的改变。当我们以伴侣的身份和竞争者的身份去看待对方的时候，就会明白并肩作战和对垒为战哪个更重要了。

♥ 别让鸡毛蒜皮的琐事成为幸福的阻碍

每一段婚姻在开始阶段都是幸福的，但度过了蜜月期之后，家庭和工作上的事情会把人折腾得筋疲力尽，忘记了婚前对幸福的美好憧憬。这时，你就会发现对方身上越来越多的缺点，起初你只是唠叨几句，接下来就是争吵和不能容忍，甚至在温暖不久的被窝里你想到了离婚。

感情是个十分敏感脆弱的东西，夫妻之间的感情尤其如此。往往都是一些鸡毛蒜皮的小事成了夫妻翻脸的导火索，比如牙膏要从底部挤起还是随意挤。婚前的山盟海誓，最终落了个离婚的下场。婚姻其实就是生活，鸡毛蒜皮之事看似虽小，但就像针尖一样，刺在谁身上都会疼。

有一对年轻夫妻站在离婚登记处，女方看起来很"执着"，说什么也要离婚；而男方在一边则显得茫然无措，很明显是不想离婚。

当工作人员问他们离婚的原因时，男方什么也没说，女方回答了："我的嫁妆，孩子过年收的红包，他都拿去替他们家还债了。而我们家想买点东西，他都舍不得花一分钱，说过日子要节俭。这样的日子，我是没法和他过了！"

听到这里，工作人员才弄清楚这对年轻夫妻离婚的原因，又问女方离婚还有什么其他原因，女方支吾了半天，重点还是放在男方抠门上。于是，工作人员便尝试着劝服女方："十年修得同船渡，百年修得共枕眠。你们能够结为夫妻是多么不容易的一件事，既然当初选择了他，就该好好地维系这段婚姻，包容一些，为了鸡毛蒜皮的事就离婚，多不值啊……"

本来是很恩爱的一对夫妻，却因生活中的这么一件小事大动干戈，往日的亲密全无。婚姻是神圣的，既然当初选择了对方，就要用一颗宽宏的心去包容对方的缺点和短处。好的婚姻是两个人用无限的爱与宽容堆砌起来的，要让爱不塌方，就需要双方共同经营，幸福之路才会走得更加长远。

小细节构成生活，心情的好坏其实是受那些鸡毛蒜皮的小事影响的。举例来说，一对夫妻离婚，是因为男人不做家务，女人成天吃零食；一对夫妻离婚，是因为男人没给女人买内衣，女人没给男人擦皮鞋；还有一对夫妻离婚，是因为一个炒菜做饭的问题，女人坚持放盐，男人就喜欢吃甜的，他偏要放糖，结果每次吵架都是因为做饭。细节成就爱情，细节也能毁掉婚姻。

巧丽是独生子女，刚结婚时，偶尔和丈夫拌嘴，但都为丈夫着想，也没发生什么大的不愉快。后来，吵着吵着就习惯了，慢慢地越吵越频繁。每次都是因为一些鸡毛蒜皮的小事：丈夫的臭袜子被她丢了，丈夫上完厕所不冲水……

起初双方还能就事论事。后来，事情发展到双方都处心积虑地挑彼此的毛病，等机会一来就开始挖苦贬低。再后来，又演变成了冷战。又过了一段时间，巧丽开始闹"离婚"，丈夫总是给她低声下气地赔礼认错。再过了一段时间，巧丽再叫"离婚"，丈夫也开始反击："要离你就去离，法院就在前面，要不要我告诉你法院的门是往哪边开的？"

夫妻之间免不了吵吵闹闹，能走到一起至少说明是两相情愿的，说情人眼中出西施也好，说郎骑竹马来也好。总之，为人处世，都要有一种风度、一种胸怀，夫妻之间更应如此。如果男人不端着大男子主义的架子，女人也没有了女领袖的姿态，彼此之间多一份包容和谦让，婚姻还会不和谐吗？

生活中不如意之事十之八九，婚姻生活中锅碗瓢盆磕磕碰碰纯属调味。不管怎样，要想维持幸福的婚姻生活，在遇到纷争时双方都要宽容对待，理性地解决问题，将大事化小，小事化了，不要轻易让这些鸡毛蒜皮的小事破坏了经营不易的婚姻。

♥ 钝感相处婆媳关系，婆婆的坏话你别说

当婆媳问题成为幸福婚姻中的鸿沟时，不明智的媳妇常常会和婆婆针尖对麦芒，在家吵完还不解气，还得跑到别人面前悉数数落一番婆婆的不是，这个时候，仿佛自己是世界上最委屈的人。可是等到你"大快人心"之后，你会不会发现老公没有以前那么体贴了，婆婆更是不愿意来你家了，周围的邻居也对你有看法了？所以，聪明的媳妇不要说婆婆的坏话，就算婆婆再不好，她也是你老公的亲妈，你在别人面前说婆婆的坏话，让你老公的面子往哪儿搁呢？如果说婆婆坏话被传到老公的耳朵里，那后果就不好说了。

刘太太算不得蓬头垢面，但是不太讲究个人卫生。头皮屑多得让人不想往她头上瞄第二眼，衣服廉价低档倒不算什么，可是基本上穿出来都是皱巴巴的。有时候刘太太因为起床晚了，不洗脸就去上班。路过她家门口都能闻到一股怪味。这些绝对不是杜撰的。

有次她老公生病住院了，同事们纷纷前来探望，她老公竟然说出了这样的话："医院比家里干净多了，我才不想早

出院呢。"

不拘小节的人应该都很好伺候吧？可是，自从婆婆来了以后，她就常常向身边的人发牢骚："我根本就咽不下我婆婆做的菜，上面还有泥呢！""陪孩子看电视，就直接穿着外衣坐到我床上，衣服上的灰不都沾到被子上了吗？""洗衣服用的桶里经常有沙子，你说，哪儿来的沙子呢？真搞不清楚她怎么弄的！好几个桶摆在那里，还偏要到我卫生间里拿，说了几次还是这样！""我用手摸一下茶几，全是灰啊！她就应付差事！""咳嗽的时候，都不知道回避，对着我和孩子就直接咳嗽，一家人都被传染感冒了！"……两个月左右，她婆婆回了老家。

尤太太的孩子刚刚一岁，她也遇到了同样的问题。她是个比较爱干净的人，因为工作忙，请婆婆来帮忙带孩子。

没多久，她就经常对身边的人说："我婆婆真怪！我买了水果，怕她不好意思拿，还特意放到她房间。可是，我在的时候她不吃，我不在的时候就吃得快！""真不会做事！小孩子玩得浑身都是汗，也不知道给他换换衣服，一着凉了就感冒！""我老公不在家的时候，她就不舍得买菜，老公在家的时候，她就会买很多菜！她眼里只有儿子、孙子，哪里有我这个儿媳妇啊！""我要是哪句话说错了，她就故意把菜烧咸，根本没法吃啊！""我问过了，她每天买那点儿菜，用不了几个钱，我给她的菜钱用不完，可是还每天朝我要钱，总说菜钱没有了。其实，她拿剩下的那些钱去超市买了零食，还尽挑好的买，我老乡看到后都告诉我了，一般的零食她还不吃呢！"

为人妻子，若是能够以退一步海阔天空为原则，只要男人不是很笨，自然就会明白你的良苦用心，必定会对你加倍疼爱。

如果你实在处理不好，可以借用一下电视剧《媳妇的美好时代》里毛豆豆的方式：当自己婆婆出现拧巴或者没事找碴儿的时候，表面上她对婆婆绝对不会有顶嘴和不高兴的表现，等回到自己家后就用善意的口吻对老公述说她和婆婆之间发生的事情，叙述过程中绝对没有任何的抱怨情绪流露，更不会在外人面前说自己婆婆的是非，她请老公帮自己去婆婆面前解释开脱，这才不失为一个好办法。

调换一下位置想想，如果你是儿子，那么你肯定不允许别人说你妈妈的坏话。如果你有儿子，那么你的儿子将来也会这样。也许总有一些委屈是你忍不住的，你想和周围的人说说，其实他们对你的事情并不感兴趣。久而久之，你就给他们留下了祥林嫂式的印象，他们觉得你很烦，甚至一些年纪稍长的人会认为你是个不怎么样的儿媳妇。

所以，聪明的女人，永远不要在别人面前说婆婆的"坏话"，每个人都有优点，尽量让自己忘掉婆婆的不好，只记得她的好。如果非要挑剔婆婆，那么将对你有百害而无一利。

♥ 姑嫂之间，更需相互多些谦让

姑嫂关系，是家庭关系中除了婆媳关系外最容易出问题的一层关系。姑嫂关系如果处理不好，将会搞得一家人鸡犬不宁。姑嫂间的矛盾往往是一些鸡毛蒜皮的小事引起的。比如，嫂子说话不好听、小姑任性不干家务、婆婆偏心小姑……其实只要多些宽容，少些计较，凡事都为对方多想一些，你敬她，她敬你，彼此就会相安无事。

玉芝刚结婚的时候，小姑子还在读大学，她一般住校，很少回家，因此两人相处的时间不多。但是玉芝心里明白小姑子与她不和，这比婆媳不和对家庭的伤害更甚。况且，小姑子是婆婆的贴身小棉袄，自己对她的言行，婆婆都看着。所以，这在很大程度上决定了她们家庭各个成员之间关系的好坏。

所以，一到周末，玉芝就会为小姑子做上一大桌好吃的，改善她的生活。在吃饭的时候，玉芝会一边和她聊天，一边给她夹菜。等到小姑子每周回学校时，玉芝还会当着婆婆的面给她钱，并时常叮嘱她："要照顾好自己的身体，在学校吃饭时不用省着花钱。"

渐渐地，小姑子体会到了嫂子对自己是真心好，就和她无话不谈，无论有什么事，都愿意直接找她商量。小姑子大学毕业后，找到了一份不错的工作，玉芝还特意带着全家去饭店为小姑子庆祝。

此外，玉芝还经常约小姑子去逛商场，顺便还给她买一些喜欢的东西。在小姑子心情不好、情绪低落的时候，玉芝还会抽出时间来安慰她，并请她去看电影，以此来缓解她压抑的心情。

小姑子经常对别人说，嫂子比哥哥对她还要好，还说有一个好哥哥不如有一个好嫂子。玉芝的婆婆也逢人便说，她儿媳妇是个明事理的好媳妇。

在家庭中，姑嫂关系尤为特殊：小姑是婆婆的心头肉，又和老公是兄妹。小姑如果是个自私的人，那么她很可能就会成为家庭矛盾的导火索。

有些家庭之所以不和睦，就是因为姑嫂之间的矛盾，因此，切忌私下传话，要与"姑"为善。如果小姑真是做错了事、说错了话，应该多一点宽容，找一个合适的机会再说出来也不迟。

嫂子对待小姑，要像姐姐关心妹妹一样，不论在哪方面都应给予热情和正确的指导。当小姑为选择伴侣而举棋不定时，嫂子要诚恳地给出建议，使其能建立美满幸福的家庭；当她遭遇挫折时，嫂子应及时给予安慰，同她一起分析原因，帮助她尽早脱困。

一般婆婆都比较疼女儿，所以作为嫂子还要体谅小姑和婆婆的骨肉之情，既要孝敬公婆，又要当好小姑的顾问和参谋。在日常生活中，小姑对自己的母亲很尊重，小姑也深受母亲的宠爱，母女之间常常说些"悄悄话"。做嫂子的要通达一些，要念及母女亲情，切忌胡乱猜忌，从而产生误会。身为嫂子，气度要大些，否则姑嫂之间的感情就将难以维持，甚至婆媳之间的纠纷也会被引发。

在日常生活中，嫂子也要懂得主动照顾小姑。有些人家的小姑生活自理能力很强，并不需要别人的帮助，她只希望嫂子能够善待自己的爸妈就好。嫂子能做好这一点，小姑内心就会感激不尽。姑嫂关系，一定要以诚相见，嫂子这般对待小姑，小姑自己对嫂子也会心生欢喜之感，姑嫂之间的感情也就得到了增进。

经营婚姻是一门学问，搞好复杂的家庭关系也是一门学问，所以，在处理姑嫂关系的时候一定要特别注意，只要你诚心诚意对小姑好，小姑肯定也会对你维护有加，婆婆也会觉得你是个好嫂子。婆媳关系和姑嫂关系都搞好了，那你的婚姻必将幸福，世上有哪个男人不爱这样聪明贤惠的妻子呢？